ドイツ語で読む
星の王子さま

星の王子さま

Der kleine Prinz

サン＝テグジュペリ
著

ニールス・マルテンゼン
ドイツ語訳

録音スタジオ
巧芸創作

●

ナレーター
Thomas Feil

●

解説
渡辺暁子

本書は、内藤濯氏による邦訳『星の王子さま』（初出：岩波少年文庫、1953年）のタイトルを、
日本語タイトルとして使わせていただきました。
長く愛される素晴らしい名訳を生み出した内藤氏に、敬意と感謝を表します。

はじめに

『星の王子さま』は、フランス人作家 Antoine de Saint-Exupéry (1900–1944) が書いた小説です。平易な表現で寓話のスタイルを用いながら人間性の本質を問いかける名作として、子どもから大人まで、全世界で読まれています。

■ 本文はサン＝テグジュペリが書いた原文の味わいを保ちつつ、読みやすくシンプルなドイツ語にリライトされています。日本語訳は、物語としてのトーンを損なわないように逐語訳を避け、意訳している個所もあります。

■ 各ページの欄外には単語の解説があります。またパート毎に、「覚えておきたいドイツ語表現」として、ポイントとなる表現をまとめてあります。

■ さらに音声でサン＝テグジュペリの世界を感じていただくために、ネイティブのドイツ人の朗読音声をダウンロードしてお聞きいただけます。

学習方法について

　本書は、ドイツ語の基本的文法をひと通り学んだ学習者が、復習をしながら読解力を向上させていけるよう構成されています。

　ストーリーを知っていても、いざドイツ語で読み直すとなると、短い文やパラグラフの中に、日本語からは発想できないようなドイツ語独特の難しさや味わいがあることに気づくでしょう。訳文と見比べながら、これまで学んできた線過去、点過去、過去未来、接続法といった時制が、どのような使われ方をしているのかを確かめてみてください。本書をくりかえし読みながら感じることで、なぜこれまで面倒な文法を頭に詰め込んできたのかが少しずつ納得できるのではないでしょうか。

　単語の解説や「覚えておきたいドイツ語表現」では、効率よく学習できるように、類似表現や言い換え表現を、例文を使って説明しています。例文を読み、それぞれの文のイメージを頭の中にたたきこみましょう。そうすることで、いざというときに必要な単語や慣用表現が自分のドイツ語として口やペン先から出てくるものです。

　外国語ですらすらと本を読むようになりたいと思っても、読解力は一朝一夕に身につきません。なにしろ日本語で生活している私たちがドイツ語で理解したり考えたりする時間は一日のうちわずかです。したがって継続性と効率性を重視した学習を日々重ねていくことが望ましいといえます。一日のうち、短い時間でも毎日根気よく続けて、外国語で『星の王子さま』を読む楽しさをぜひ体感してみてください。

＊本書は左ページにドイツ語、右ページに日本語を配し、対照して読み進めていただけるようつくられています。必ずしも同じ位置から始めることは難しいのですが、なるべく該当の日本語が見つけやすいように、ところどころ行をあけるなどして調整してあります。

＊欄外の単語解説では、名詞には性を付記しています。
　(m)：男性名詞　*(f)*：女性名詞　*(n)*：中性名詞

目次

本書の構成

本書は、

- □ ドイツ語本文に対応する日本語訳
- □ 欄外の語注
- □ パート毎のフレーズ解説
- □ MP3形式のドイツ語音声

で構成されています。

本書は、サン＝テグジュペリ原作の『星の王子さま』をやさしいドイツ語で書きあらためた本文に、日本語訳をつけました。

各ページの下部には、ドイツ語を読み進める上で助けとなるよう単語・熟語の意味が掲載されています。またドイツ語と日本語の段落のはじまりが対応していますので、日本語を読んでドイツ語を確認するという読み方もスムーズにできるようになっています。またストーリーの途中にドイツ語解説がありますので、本文を楽しみながら、ドイツ語の使い方などをチェックしていただくのに最適です。

各チャプターのQRコードをスマートフォンなどで読み取ると、そのチャプターのドイツ語テキストの音声を聞くことができます。また、PCなどに一括でダウンロードすることもできますので、ドイツ語の発音を確認しながら読むことができます。

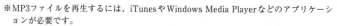

●音声一括ダウンロード●

本書の朗読音声（MP3形式）を下記URLとQRコードから無料でPCなどに一括ダウンロードすることができます。

https://ibcpub.co.jp/audio_dl/0786/

※ダウンロードしたファイルはZIP形式で圧縮されていますので、解凍ソフトが必要です。

※MP3ファイルを再生するには、iTunesやWindows Media Playerなどのアプリケーションが必要です。

※PCや端末、ソフトウェアの操作・再生方法については、編集部ではお答えできません。
　付属のマニュアルやインターネットの検索を利用するか、開発元にお問い合わせください。

星の王子さま

Der kleine Prinz

Für Leon Werth

Ich hoffe, dass alle Kinder mich dafür entschuldigen, dass ich dieses Buch einem Erwachsenen widme. Ich habe einen sehr guten Grund: Dieser Erwachsene ist mein bester Freund in der ganzen Welt. Ich habe auch noch einen zweiten Grund: Dieser Erwachsene versteht alles, sogar Bücher für Kinder. Und mein dritter Grund: Dieser Erwachsene lebt in Frankreich, wo er hungert und friert. Er muss ermuntert werden. Sollten diese Gründe nicht ausreichend sein, dann widme ich dieses Buch dem Kind, das dieser Erwachsene einmal gewesen ist. Alle Erwachsenen waren einmal Kinder. (Aber nur wenige Erwachsene erinnern sich daran.) Und daher schreibe ich:

Für Leon Werth, als er noch ein kleiner Junge war.

★

■sich⁴ entschuldigen für et⁴ 〜について謝る　■j³ widmen 〜に捧げる　■sogar 〜でさえも
■ermuntern 元気づける　■ausreichend 充分な　■sich⁴ an et⁴ erinnern 〜を思い出す

レオン・ヴェルトに捧ぐ

　この本をあるおとなに捧げて書くことを、子どもたちに許してほしいと思う。言い訳もちゃんとある。このおとなは、ぼくの世界一の親友なんだ。二つ目の言い訳としては、このおとなは何でもよくわかっていて、子どもの本だってちゃんと理解しているということ。三つ目は、彼が今、フランスにいて、ひもじくて寒い思いをしているということだ。彼には元気づけが必要なんだ。それでも理由が足りなかったら、この本は、子どもだった頃の彼に捧げるとしよう。おとなも皆、昔は子どもだった。（そのことを憶えているおとなは少ないけどね）

　だから、こういうことにしよう。

　子どもだったころのレオン・ヴェルトに捧ぐ

Teil 1

Kapitel 1-4

Kapitel I

Als ich sechs Jahre alt war, sah ich einmal ein hübsches Bild in einem Buch. Das Buch hieß `Wahre Geschichten`. Das Bild zeigte eine Königsschlange beim Verschlingen eines wilden Tieres. Hier ist das Bild:

In dem Buch las ich: „Die Königsschlangen verschlingen ihre Beute als Ganzes, in einem Happen. Danach können sie sich nicht bewegen, weil sie so voll sind. Sie müssen Pause machen für die nächsten sechs Monate."

Ich habe lange und angestrengt darüber nachgedacht. Dann habe ich einen Farbstift genommen, um mein erstes Bild zu malen. Mein Bild Nummer 1. Es sah wie folgt aus:

■sah>sehen 見る ■hieß >heißen ～という名である ■verschlingen 貪るように食べる
■las>lesen 読む ■Happen (m) 一口 ■angestrengt 懸命の ■über et⁴ nachdenken ～について熟考する ■sah...aus>aussehen ～のように見える

第 1 章

　ぼくは6歳のころ、本で素敵なさし絵を見た。『ほんとうのおはなし』とい
う本で、大蛇ボアが、野生の動物を食べている絵だった。これがその絵だ。

　説明のところには、「ボアは食べ物を一口で丸のみします。食べた後は、満
腹すぎて動けません。その後、6か月は休んでいなくてはならないのです」
と書いてあった。

　ぼくは、長いこと一生懸命考えた。それから、色えんぴつを使って初めて
の絵を描いたのだ。ぼくの絵の第1号は、こんな感じだった。

Ich habe mein wundervolles Bild einigen Erwachsenen gezeigt. Ich habe gefragt, ob ihnen mein Bild Furcht einflöße.

Sie antworteten: „Warum sollte ein Hut uns Furcht einflößen?"

Ich hatte keinen Hut gemalt. Mein Bild zeigt eine Königsschlange, die einen Elefanten verschlungen hatte. Ich habe dann ein zweites Bild gemalt. Um den Erwachsenen zu helfen, zeigte mein zweites Bild das Innere der Königsschlange. Erwachsene brauchen immer Hilfe, um Dinge zu verstehen. Mein Bild Nummer 2 sah wie folgt aus:

Die Erwachsenen sagten mir, ich sollte keine Bilder malen, die das Innere oder Äußere einer Königsschlange zeigen. Sie sagten mir, ich solle stattdessen Mathematik und Geschichte und Erdkunde lernen.

Dieses ist der Grund, dass ich im Alter von sechs Jahren meinen Traum, Maler zu werden, aufgab. Ich gab auf, weil meine Bilder Nummer 1 und Nummer 2 keinen Erfolg hatten. Erwachsene verstehen niemals etwas von sich aus. Und Kinder werden müde, Dinge immer wieder zu erklären.

Statt also Maler zu werden, lernte ich fliegen. Ich habe die ganze Welt beflogen. Es ist wahr, Erdkunde kann sehr hilfreich sein. Ich kann China von Arizona auf einen Blick unterscheiden. Diese Information ist sehr hilfreich, wenn man sich in der Nacht verirrt.

■einflößen（感情を）吹き込む　■stattdessen その代わりに　■aufgab>aufgeben 断念する
■auf einen Blick ひと目で　■sich[4] verirren 道に迷う

　ぼくは、この素晴らしい絵を何人かのおとなに見せた。これを見て、怖い
かどうか聞いたのだ。

　答えはこうだった。「何で帽子が怖いのさ？」

　ぼくは帽子を描いたんじゃない。これは、象を食べた大蛇ボアなのだ。仕
方がないから、2枚目の絵を描いた。おとなでもわかるように、同じボアの、
今度は中身まで描いてやった。おとなって、助けてもらわないと何もわから
ないのだ。ぼくの第2作目は、こんな感じだった。

　おとなたちはぼくに、ボアの内も外も描くのはやめるように言った。代わ
りに数学と歴史と地理をやれって。

　こういうわけで、ぼくは6歳にして絵描きになる夢を断念した。第1号も
第2号もうまくいかなかったからだ。おとなって、自分だけでは何もわから
ないのだ。それで子どもたちは、何度も何度も説明するのが嫌になるのだ。

　絵描きになる代わりに、ぼくは飛行機の乗り方を覚えた。そして世界のあ
らゆるところへ飛んだ。地理はとても役に立った。ぼくは、ちらっと見ただ
けで中国とアリゾナの違いがわかるんだからね。夜、迷った時は、これでず
いぶん助かるよ。

Ich habe viele wichtige Leute in meinem Leben kennen gelernt. Ich habe mit Erwachsenen lange zusammen gelebt. Ich habe sie aus nächster Nähe gesehen. Dies hat aber meine Einstellung zu ihnen nicht wesentlich verbessert.

Immer wenn ich einen Erwachsenen getroffen habe, der ein wenig Verstand zu haben schien, machte ich einen kleinen Test: Ich habe das Bild Nummer 1 gezeigt. Ich wollte sehen, ob dieser Erwachsene das Bild wirklich verstand. Jedoch, der Erwachsene antwortete immer: Das ist ein Hut.

Ich habe daher nicht über Königsschlangen oder wilde Tiere oder Sterne gesprochen. Stattdessen habe ich über Dinge gesprochen, die Erwachsene interessieren. Ich habe daher über Golf, über die Gesellschaft und über Kleidung gesprochen. Und der Erwachsene war immer angetan, einen solch netten Herrn getroffen zu haben.

 # Kapitel II

Viele Jahre meines Lebens war ich einsam. Es gab keinen, mit dem ich mich unterhalten konnte. Dann, vor sechs Jahren, hatte ich eine Panne mit dem Flugzeug in der Wüste Sahara. Ich war ganz alleine. Mir war klar, dass ich mein Flugzeug alleine reparieren musste, ohne jegliche Hilfe. Es ging um Leben oder Tod. Ich hatte nur einen kleinen Vorrat an Trinkwasser. Dieser würde nur acht Tage lang reichen.

■nächst>nah (最上級) ■Einstellung (f) 考え方 ■wesentlich はるかに
■schien>scheinen ～のように見える ■jedoch しかし ■angetan>antun 好意を示す ■sich⁴
unterhalten 歓談する ■jeglich あらゆる ■Vorrat (m) 蓄え

ぼくは、今まで偉い人にたくさん会った。おとなたちに混じって長いこと暮らして、彼らを間近で見てきた。それでも、おとなに対するぼくの意見はましにならなかった。

もののわかりそうなおとなに会うと、必ずちょっとしたテストをやった。ぼくの絵の第1号を見せたのだ。この絵が本当にわかる人かどうか見たかった。でも、反応はいつも同じだった。「帽子だね」。

そこでぼくは、大蛇ボアのことも、野生の動物も、星のことも話さないことにする。代わりに、おとなが興味を持ちそうな話をしてやるのだ。ゴルフだの、社交界だの、洋服だの。そうすると決まっておとなは、とても感じのいい人に会ったと大喜びするのだ。

第2章

何年もの間、ぼくの人生は孤独だった。ほんとうに話せる相手はだれもいなかった。そして6年前、ぼくの飛行機はサハラ砂漠で故障した。ぼくは全くのひとりぼっちだった。だれの助けもなく、自力で飛行機を直さなければならないとわかっていた。生きるか死ぬかだ。飲み水はほんのわずかしかない。8日くらいしかもたないだろう。

In der ersten Nacht in der Wüste schlief ich schnell ein. Ich war sehr müde. Ich war tausende von Kilometern entfernt von jeglicher Behausung. Ich fühlte mich einsamer als ein Segler allein auf einem Boot mitten im Ozean. Du kannst dir also meine Überraschung vorstellen, als eine kleine fremde Stimme mich aufweckte, früh am Morgen. Die Stimme sagte:

„Bitte, zeichne mir ein Schaf!"

„Was?"

„Zeichne mir ein Schaf..."

Ich sprang auf meine Füße vor Überraschung. Und ich sah einen sehr ungewöhnlich kleinen Jungen, der mich anschaute. Hier ist meine beste Zeichnung von ihm. Ich machte diese später. Natürlich war meine Zeichnung jenseits von perfekt. Die Erwachsenen hatten mich im Alter von sechs Jahren dazu bewogen nicht mehr zu zeichnen, zu einer Zeit, als ich nichts anderes zeichnen konnte als das Innere und Äußere einer Königsschlange.

■schlief>schlafen 寝る ■sich³ vorstellen 想像する ■zeichne>zeichnen（命令形）絵を描く ■sprang>springen 跳ねる ■jenseits von ～の向こう側で ■bewogen>bewegen ～をする気にさせる

砂漠での最初の晩、ぼくはすぐ眠りについた。疲労こんぱいしていたのだ。だれからも、どこからも、何千キロも離れたところにぼくはいた。大洋の真っ只中の小船にひとりぼっちでいる船乗りよりも、もっと孤独な気がした。だから朝方、小さな聞き慣れない声に起こされた時、ぼくがどれほど驚いたかわかるだろう。その声は言った。

「お願いだよ……ヒツジを描いて！」
「何だって？」
「ヒツジを描いてよ……」

ぼくはびっくり仰天して立ち上がった。見たこともない男の子がぼくをじっと見ていた。できるだけ似せて描いたのがこれだ。後になってから描いたのだ。ぼくの絵はもちろん、完ぺきからはほど遠い。なにせ6歳のとき、まだ大蛇ボアの内と外しか描けない段階で、おとなから絵を描くのをやめさせられたんだからね。

Ich schaute auf diesen kleinen Jungen mit viel Neugier. Man darf nicht vergessen, dass ich in der Wüste war, tausende von Kilometern entfernt von jeglicher Behausung. Aber diese junge Person schien nicht verirrt oder müde oder hungrig zu sein oder Angst zu haben. Er sah nicht nach einem verlorenen Kind aus in der Mitte dieser Wüste. Als ich meine Sprache wiederfand, sagte ich zu ihm:

„Aber... was machst du hier?"

Er wiederholte nur:

„Bitte..... zeichne mir ein Schaf...."

Ich tat, um was er bat. Ich langte in meine Tasche. Ich zog ein Stück Papier und einen Stift heraus. Aber dann erinnerte ich mich an etwas: Ich hatte viele Dinge gelernt in der Schule, aber nicht, wie man zeichnet. Mit unsicherer Stimme erzählte ich ihm dies. Aber er antwortete:

„Das macht nichts. Zeichne mir ein Schaf."

Da ich aber nie ein Schaf gezeichnet hatte, malte ich eins der beiden Bilder, die ich konnte, nämlich ein Bild des Äußeren einer Königsschlange mit einem Elefanten im Magen. Er schaute sich das Bild an. Ich war sehr überrascht, was er dann sagte:

„Nein, nein, Ich möchte keine Königsschlange, die einen Elefanten verschlungen hat. Königsschlangen sind sehr gefährlich und Elefanten sind so groß. Wo ich lebe, ist alles sehr klein. Ich brauche ein Schaf. Zeichne mir ein Schaf."

Ich malte ihm daraufhin ein Schaf. Er schaute es sich sorgfältig an und sagte:

■tat>tun する ■bat>um et⁴ bitten 頼む ■zog...heraus>herausziehen 引き出す ■sich³ anschauen じっくり見る ■daraufhin そのあとで

　ぼくは、あっけに取られてこの子を見つめた。ぼくが、だれからもどこからも何千マイルも離れた砂漠にいたことを思い出してくれ。なのにこの子は、道に迷ったり、疲れたり、腹が減ったり、怖かったりという様子がなかった。どう見ても、砂漠の真ん中で道に迷った子どもには見えない。ようやく口をきけるようになったとき、ぼくは言った。

「でも……ここで何してるんだ？」
　その子はまた言った。
「お願いだよ……ヒツジを描いて……」
　ぼくは言われたとおりにした。ポケットを探って、紙きれとペンを取り出した。ところがそこで、あることを思い出したのだ。学校ではいろんなことを習ったが、絵の描き方はわからない。ぼくはちょっと不機嫌な声で、男の子にそう言った。でも答えはこうだった。

「そんなこと、関係ないよ。ヒツジを描いてよ」
　ぼくはヒツジを描いたことがなかったので、描けるとわかっている2枚のうちの1枚を描いた。象を飲み込んだ大蛇ボアの外側を描いたのだ。男の子はそれをながめた。そして、驚いたことにこう言ったのだ。

「違う、違うよ！　象を飲み込んだボアの絵なんかほしくないよ。ボアはとても危険なやつだし、象は大きすぎる。ぼくの住んでいるところは、何でもとても小さいんだからね。ぼくがほしいのはヒツジなんだよ。ヒツジを描いてよ」
　そこでぼくはヒツジを描いた。
　男の子は、注意深く見て、こう言った。

„Nein! Das sieht krank aus. Zeichne ein anderes." Also malte ich ein anderes.

Mein neuer Freund schmunzelte und sagte:

„Das ist kein Schaf, das ist ein Widder. Es hat Hörner."

Ich malte ein weiteres Bild. Aber er mochte das auch nicht.

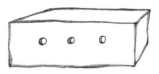

„Das Schaf ist zu alt. Ich möchte ein Schaf, das noch viele Jahre leben wird."

Ich hatte es eilig. Ich wollte ja mein Flugzeug reparieren. Ich malte also schnell folgendes Bild und erzählte ihm: „Dies ist eine Schachtel. Das Schaf, das du möchtest, ist darin."

Ich war überascht, als sich sein Gesicht aufhellte.

„Das ist genau das, was ich wollte. Glaubst du, das Schaf braucht viel zu essen?"

„Warum?"

„Weil alles, wo ich herkomme, sehr klein ist."

„Dieses Schaf braucht nicht viel zum Essen. Ich habe dir ein sehr kleines Schaf gegeben."

Er schaute sich die Zeichnung noch einmal genauer an. „So klein ist es eigentlich nicht. Schau! Es ist eingeschlafen."

Und das war mein erstes Treffen mit diesem kleinen Prinzen.

■schmunzeln 目で笑う ■Widder (m) 雄の羊 ■mochte>mögen 好む ■Schachtel (f) 箱
■sich⁴ aufhellen 明るくなる ■herkommen 〜の出である ■schau>schauen （命令形）見る

「だめだよ。このヒツジは病気みたいじゃないか。別なのを描いてよ」

そこで別なのを描いた。

ぼくの新たな友達は微笑んで、言った。

「これは普通のヒツジじゃないよ——牡ヒツジじゃないか。角がついてるよ」

ぼくはまた描いた。でもこれも、男の子には気に入らないらしかった。

「このヒツジは年を取りすぎてるよ。長いこと生きるヒツジがほしいんだ」

ぼくは急いでいた。飛行機を修理したかったのだ。だから、下のような絵を手早く描いて、こう言った。「これは箱だよ。きみのほしがってるヒツジはこの中にいるよ」

男の子の顔が輝いたので、びっくりした。

「これがほしかったんだよ！ このヒツジはたくさん食べると思う？」

「なぜだい？」

「だってぼくのいたところでは、何もかもがとても小さいんだもの」

「このヒツジはあんまりたくさん食べないよ。とても小さなヒツジをあげたんだから」

男の子は、その絵をじっと見ていた。「そんなに小さくないよ……見て！眠っちゃった……」

ぼくはこうして、小さな王子さまと出逢ったのだった。

Kapitel III

Ich habe sehr lange gebraucht, um herauszufinden, woher er kam.

Der kleine Prinz hat mir viele Fragen gestellt, aber er schien meine Fragen zu überhören. Nur durch Zufälle lernte ich etwas über ihn, wenn er sich einmal äußerte. Als er mein Flugzeug das erste Mal erblickte (ich werde mein Flugzeug hier nicht zeichnen, weil das zu schwer ist), fragte er:

„Was ist das für ein Ding?"

„Es ist kein Ding. Es fliegt. Es ist ein Flugzeug. Es ist mein Flugzeug."

Ich war stolz darauf ihm zu erzählen, dass ich fliegen konnte. Er schrie auf:

„Was? Du bist vom Himmel gefallen?"

„Ja," sagte ich.

„Oh, das ist lustig."

Und der kleine Prinz fing an zu lachen, was mir nicht angenehm war. Ich wollte, dass meine Probleme ernst genommen werden. Zum Schluss sagte er:

„Du kommst also auch vom Himmel! Von welchem Planeten kommst du?"

■Frage stellen 質問をする ■überhören 聞き漏らす ■sich⁴ äußern 自分の意見を表明する
■schrie...auf>aufschreien 叫ぶ ■fing...an>anfangen 始める ■ernst nehmen 真面目にとる

第3章

　王子さまがどこから来たのか、知るにはとても時間がかかった。
　王子さまはぼくにたくさんの質問をしたけれど、ぼくの質問は聞こえない
みたいだった。ぼくが王子さまについて知ったことは、彼が何気なく言った
ことから偶然にわかったのだ。ぼくの飛行機を初めて見たとき（飛行機の絵
を描くのはやめにしておく。難しすぎるからね）、王子さまは言った。

　「あそこにあるあれ、なあに？」
　「あれじゃないよ。飛ぶんだよ。飛行機だ。ぼくの飛行機だよ」

　ぼくは、自分が飛行機に乗れると言うのが誇らしかった。王子さまは叫ん
だ。
　「なんだって？　きみは空から落ちてきたの？」
　「そうだよ」ぼくは言った。
　「そうか！　それは面白い」
　そして小さな王子さまは笑い始めた
が、ぼくは気に入らなかった。人の問題
は深刻に受けとめてほしいものだ。つい
に王子さまは言った。
　「じゃ、きみも空から来たんだね！　ど
の惑星から？」

Dies war etwas Neues über den rätselhaften kleinen Prinzen.

Ich fragte ihn daher umgehend:

„Du kommst also von einem Planeten?" Aber er sagte nichts. Dann antwortete er mit sanfter Stimme, während er auf mein Flugzeug schaute:

„Du kannst von nicht sehr weit hergekommen sein..."

Und danach sagte er für eine lange Zeit nichts. Er zog meine Zeichnung mit dem Schaf aus seiner Tasche und studierte diese mit Freude.

Es interessierte mich sehr, was der kleine Prinz über andere Planeten gesagt hatte. Ich wollte mehr darüber wissen, also fragte ich ihn:

„Woher kommst du mein kleiner Freund? Wo ist dein Zuhause? Wohin willst du mein Schaf mitnehmen?"

Nach einer Weile antwortete er:

„Es ist gut, dass du mir die Schachtel für das Schaf gegeben hast. Nachts kann es dies als sein Haus benutzen."

„Ja natürlich. Und wenn du nett bist, kann ich dir noch etwas zum Anbinden des Schafes am Tage geben."

Mein Angebot überraschte den kleinen Prinzen sehr. „Anbinden? Was für eine merkwürdige Idee?"

■rätselhaft 謎に包まれた　■umgehend 即座に　■zog>ziehen 引っ張り出す　■anbinden 結びつける　■merkwürdig 奇異な

　わからないことだらけの王子さまの、これは新しい情報じゃないか。ぼくはすばやくたずねた。
　「じゃ、きみは別の惑星から来たんだね？」でも王子さまは何も言わなかった。そして、ぼくの飛行機を見ながらゆっくりと答えた。

　「確かに、きみはあまり遠くから来られたはずがないね……」
　それきり長い間しゃべらなかった。ポケットからぼくが描いたヒツジの絵を取り出して、嬉しそうにながめていた。

　ぼくは、王子さまが「他の惑星」と言ったことに興味しんしんだった。もっと知りたくて、たずねてみた。

　「ねえきみ、きみはどこから来たの？　きみのおうちはどこ？　ぼくのヒツジをどこへ連れて行くの？」
　しばらくして、王子さまは答えた。
　「ヒツジ用の箱をくれて嬉しいよ。夜になれば、ヒツジ小屋に使えるもの」
　「もちろんだとも。きみがいい子なら、昼の間、ヒツジをつないでおくものを描いてあげるよ」
　ぼくの申し出は、王子さまにはショックだったようだ。
　「つないでおく？　なんておかしな考えだろう！」

„Aber wenn du es nicht anbindest, kann es herumlaufen. Es könnte verloren gehen."

Mein Freund begann wieder zu lachen.

„Wohin sollte es laufen?"

„Irgendwohin. Weiter geradeaus."

Der kleine Prinz sagte mit ernstem Ausdruck:

„Das macht nichts, es ist alles so klein, wo ich wohne."

Und mit einer Stimme, die fast traurig klang, fügte er hinzu:

„Wenn es geradeaus weiter gehen würde, käme es nicht sehr weit."

Kapitel IV

Ich hatte gerade eine zweite sehr wichtige Information bekommen: Sein Planet war nicht viel größer als ein Haus.

Dies überraschte mich nicht. Da es ja sehr große Planeten wie die Erde, den Jupiter, den Mars und die Venus gab, so gab es auch viele hunderte kleine Planeten. Wenn Astronomen einen dieser kleinen Planeten entdecken, geben sie diesem eine Nummer statt einem Namen. Sie nennen ihn zum Beispiel Asteroid 3521.

■herumlaufen うろつき回る ■verloren gehen 失くなる ■klang>klingen ～のように聞こえる ■fügte...hinzu>hinzufügen 付け加える ■käme>kommen（接続法第II式）■nennen 名づける

「でもつないでおかなかったら、歩き回ってしまうよ。いなくなってしまうかも知れない」

王子さまはまた笑い出した。

「どこへ行くと思うの？」

「どこでも。ずうっとまっすぐかもしれない」

小さな王子さまは、重々しく言った。

「それは問題にならないよ——ぼくのところは、なんでも本当に小さいんだからね！」

そして、悲しげにも聞こえる声で、付け加えた。

「まっすぐ進んでも、あまり遠くへは行けないよ……」

第 4 章

これで、二つ目に大事な情報がわかったのだった。王子さまの惑星は、家一軒よりちょっと大きいくらいなのだ！

これには、ぼくは驚かなかった。地球や木星、火星、金星のような大きな惑星がある一方で、何百もの小惑星があることを知っていたからだ。天文学者はこういう小さい惑星を発見したら、名前じゃなくて、数字をつける。惑星3251みたいにね。

Ich habe Grund zu glauben, dass der kleine Prinz von einem dieser kleinen Planeten kommt, der Asteroid B612 genannt wird.

Dieser Asteroid wurde nur einmal im Jahre 1909 erblickt. Und zwar von einem türkischen Astronomen. Dieser Astronom präsentierte seine Entdeckung während einer internationalen Tagung von Astronomen. Aber keiner glaubte ihm wegen seiner türkischen Kleidung. Erwachsene sind so.

Glücklicherweise trat ein türkischer Herrscher dafür ein – für die Zukunft des Asteroiden B612 –, dass seine Untertanen in westlicher Kleidung auftraten. Der türkische Astronom präsentierte seine Entdeckung nochmals im Jahre 1920. Er hatte einen schicken Anzug an. Und diesmal glaubten ihm alle Anwesenden.

Ich erzähle euch etwas über Asteroiden und ihre offiziellen Nummern wegen der Erwachsenen. Erwachsene mögen Nummern. Wenn du ihnen etwas über einen neuen Freund erzählst, fragen sie nicht nach etwas Wesentlichem. Sie fragen nie:

■erblicken 目に止める　■trat...ein>eintreten 擁護する　■Untertan (m) 家臣
■auftraten>auftreten 登場する　■hatte...an>anhaben 着る　■Anwesende (m,f) 出席者

ぼくには、王子さまが惑星B612から来たのだと信じる理由がある。

この惑星は、1909年に一度だけ観測された。トルコの天文学者が観測したのだ。その学者は、国際天文学会議で自分の発見を発表した。ところがトルコの民族衣装を着ていったので、だれも彼の言うことを信じなかった。おとなって、そういうものなんだ。

惑星B612の未来のためには幸いなことに、トルコの支配者が、トルコ臣民は西洋の洋服を着なければならないことにした。さっきの天文学者は、1920年にもう一度、発見報告をした。とてもかっこいいスーツを着ていた。そしたら、だれもが信じたんだよ。

ぼくがこの惑星の背景と公式番号の話をしたのは、おとなたちのためだ。おとなは数字が大好きだからね。新しい友達ができたとき、おとなは肝心なことはぜんぜん聞かないんだ。

„Wie klingt seine Stimme? Welche Spiele mag er? Sammelt er Schmetterlinge?"

Stattdessen fragen sie: „Wie alt ist er? Wie viele Brüder und Schwestern hat er? Wie groß ist er? Wie viel Geld verdienen seine Eltern?" Nur dann glauben sie ihn zu kennen. Wenn du aber den Erwachsenen sagst: „Ich sah ein hübsches Haus aus rosafarbenen Steinen, mit Blumen im Fenster..." Sie werden nicht in der Lage sein, sich dieses Haus vorzustellen. Du musst ihnen sagen: „Ich habe ein Haus gesehen, welches hunderttausende Franc kostete." Dann werden die Erwachsenen sagen: „Was für ein hübsches Haus!"

Wenn du also den Erwachsenen sagst: „Ich weiß, dass es den kleinen Prinz wirklich gegeben hat, weil er hübsch war, lachte und ein Schaf haben wollte. Wenn jemand ein Schaf haben möchte, bedeutet das, dass es ihn wirklich gegeben hat", werden sie dir aber nicht glauben. Sie werden dich wie ein kleines Kind behandeln. Wenn du aber sagst: „Er kommt vom Asteroiden B612", dann werden die Erwachsenen glauben und sie werden aufhören Fragen zu stellen. Erwachsene sind so. Du kannst nichts dagegen tun. Kinder sollten nett zu Erwachsenen sein.

Aber wir, die das Leben verstehen, lachen über Zahlen und Nummern. Ich hätte dieses Buch gern wie eine hübsche Geschichte begonnen. Ich hätte gerne geschrieben:

„Es war einmal ein kleiner Prinz. Er lebte auf einem Planeten, der nicht viel größer war als er selbst, und er brauchte einen Freund..."

■sammeln 収集する　■in der Lage sein 〜することができる　■behandeln 取り扱う
■aufhören やめる

「その子の声はどんな感じ？　どういう遊びが好き？　蝶を集めたりする？」

　なんてことは、絶対に聞かない。代わりに、「年はいくつ？　お兄さんやお姉さんは何人いる？　背丈は？　ご両親はいくらくらい稼ぐの？」っていうことばかり聞くんだ。こういう数字を聞いて初めて、その子のことがわかったような気になるんだよ。「窓辺に花がかざってあって、バラ色の石でできた素敵な家を見たよ……」と言ったら、おとなはどんな家か想像もつかないだろう。彼らにわからせるには、「10万フランもする家を見たよ」と言わなけりゃならないんだ。そうしたら「なんて素敵な家だろう！」って言うよ。

　だからもし、「小さな王子さまが本物だってことは、王子さまが素敵で、笑って、ヒツジをほしがったからわかるよ。ヒツジをほしがるってことは、本物だってことだよ」なんて言ったら、おとなは信じないだろう。きみを子ども扱いするに決まってる。でももし、「惑星B612から来たんだよ」と言えば、おとなは信じるだろうし、いろいろ質問してこなくなるだろう。おとなって、そういうものなのだ。責めちゃあいけないよ。子どもはおとなにやさしくしてあげなきゃ。

　もちろん、人生のことがわかってるぼくらは、数字なんか笑い飛ばすよ。この本は、美しいお話として始めたかったな。こういう出だしのね：

「昔々、あるところに小さな王子さまがおりました。自分よりちょっと大きいだけの惑星に住んでいて、友達をほしがっていました……」人生ってものがわかってる人には、この方がもっと現実味があったと思うよ。

Für solche, die das Leben verstehen, hätte dies glaubwürdiger ausgesehen. Keiner sollte mein Buch mit einer lächerlichen Einstellung lesen. Darüber jetzt zu schreiben macht mich traurig.

Es sind inzwischen schon sechs Jahre vergangen, dass mein Freund mit seinem Schaf uns verließ. Ich schreibe daher, damit ich ihn nicht vergesse. Es ist traurig, wenn man einen Freund vergisst. Nicht jeder hat einen Freund. Und dann würde ich vielleicht so werden wie all die Erwachsenen, die an nichts anderem interessiert sind als an Zahlen.

Ich habe deshalb einen Farbkasten und Buntstifte gekauft. Es ist schwer, in meinem Alter anzufangen zu zeichnen, nachdem ich nichts anderes als das Innere und das Äußere einer Königsschlange gemalt hatte. Ich werde versuchen, meine Zeichnungen so gut wie möglich zu machen. Aber ich glaube nicht, dass ich Erfolg haben werde. Eine Zeichnung vielleicht. Die nächste sieht aber keinesfalls aus wie der kleine Prinz. Er sieht zu groß aus. Dort sieht er zu klein aus. Ich bin mir auch nicht sicher wegen der Farbe seiner Kleidung. Ich versuche also mein Bestes zu tun. Ich werde wahrscheinlich einige Fehler machen. Aber ihr müsst mich entschuldigen. Mein kleiner Freund hat mir nicht alles erklärt. Er hat wahrscheinlich geglaubt, dass ich so bin wie er. Er hat wahrscheinlich geglaubt, dass ich alles verstehen würde. Aber ich kann das Schaf in der Schachtel nicht sehen. Vielleicht bin ich so wie die Erwachsenen geworden. Ich musste erwachsen werden.

■glaubwürdig 信用するに足る ■lächerlich ばかばかしい ■vergangen>vergehen 過ぎ去る ■verließ>verlassen 去る ■so gut wie möglich できる限り ■Erfolg haben 成功を収める ■keinesfalls 決して〜ない

　だれも、ふざけた気持ちでぼくの本を読んじゃいけないよ。これを書きながら、ぼくは本当に悲しいんだから。

　ぼくの友達が、ヒツジを連れていなくなってから、もう6年が過ぎた。今、書いているのは王子さまのことを忘れないためだ。友達のことを忘れるのは悲しいことだ。だれもが友達を持てるわけじゃない。ぼくだって、数字のことしか興味のないおとなみたいになるかもしれないしね。

　だから絵の具箱と色えんぴつを買ってきたんだ。ぼくの年になって絵を始めるのは楽じゃない。しかも、大蛇ボアの内と外しか描いたことがないんだからね！　できるだけ上手に描くようにがんばるよ。でもたぶんうまくいかないだろう。1枚目はまだいいんだ。ところが2枚目は、小さな王子さまとは似ても似つかない代物になる。次の絵では背が高すぎる。次の絵は小さすぎ。それに、王子さまの服の色合いがはっきりわからない。そんな具合に、ぼくは一生懸命描き続ける。いくつか、間違いもするだろう。でも許してくれないといけないよ。ぼくの友達の王子さまは、こういうことを一度も説明してくれなかったんだからね。きっと、ぼくのことを自分と同じだと思ったのだろう。ひとりでなんでもわかっていると思ったのだ。でもぼくには、箱の中のヒツジが見えない。おとなみたいになってしまったのかもしれない。ならなきゃいけなかったんだよ。

覚えておきたいドイツ語表現

Ich sah einmal ein hübsches Bild in einem Buch. (p.14, 1–2行目)
本で素敵なさし絵を見た。

【解説】ドイツ語では英語と異なり、過去形は主に文学作品や新聞などの書き言葉で用いられます。このお話にも過去形が頻出しますので、よい練習になるでしょう。ちなみに、話し言葉では現在完了形を使うことがほとんどです。過去形の中には、元の動詞がわかりにくい程大きく変化するものもあれば、そうでないものもあります。上記では、sehen → sah、という大きく変化するものの例を挙げました。

【例文】

① Er schaute sich die Zeichnung noch einmal genauer an. (p.24, 下から3行目)
男の子は、その絵をじっと見ていた。（schaute...an>anschauen）

② Er zog meine Zeichnung mit dem Schaf aus seiner Tasche... (p.28, 7–8行目)
ポケットからぼくが描いたヒツジの絵を取り出して……（zog>ziehen）

Es ging um Leben oder Tod. (p.18, 下から2行目)
生きるか死ぬかだ。

【解説】ドイツ語の gehen は「行く」以外にさまざまな意味を持ちます。Es geht um~「~が問題である」は、話のポイントを明らかにしたい時に使います。例えば、電話やメールではじめに要件を簡潔に伝える時などにも便利な表現です。ただし、上記の例 Es geht um Leben oder Tod は生死にかかわるほど重要な問題だ、という慣用的な意味もあります。

【例文】

① Es geht ums Geld.
問題はお金だ。

② Es geht nicht nur um Quantität, sondern auch um Qualität.
問題は、量だけでなく質もだ。

Ich hatte es eilig. (p.24, 10行目)
ぼくは急いでいた。

【解説】「急ぐ」は、sich⁴ beeilenを使うこともできますが、ここでは少しひねった表現を用いています。es を忘れないようにしましょう。このes 〜 habenの形をとれる形容詞は限られていることにも注意しましょう。

【例文】
① Ich habe es satt.   もう充分だ。

② Das habe ich nicht nötig.   それは必要ではない。

Er zog meine Zeichnung mit den Schaf aus seiner Tasche und studierte diese mit Freude. (p.28, 7–9行目)
ポケットからぼくが描いたヒツジの絵を取り出して、嬉しそうにながめていた。

【解説】studieren は通常「大学で学ぶ」という意味で使いますが、このように「よく観察する」という意味も持ちます。ここでは、王子さまがヒツジの絵を単に「見る」(anschauen, angucken) のではなく、「詳しく見入っている」(studieren) 様子が伝わってきますね。

【例文】
① Er hat jede Bewegung von den Fussballspielern genau studiert.
   彼はサッカー選手の一つ一つの動きをじっくり観察した。

② Ich habe letztes Jahr im Dschungel das Verhalten der Gorrillas studiert.
   私は昨年、ジャングルでゴリラの行動について詳しく調べた。

Erwachsene sind so. (p.32, 11行目)
おとなって、そういうものなんだ。

【解説】so という短い副詞が深い意味を持つ一つの例とも言えるでしょう。「〜って、元々そういうもの、だから変えられないんだ」というやや批判めいたニュアンスを含んでいることもあります。ここでは、着ている服で人を判断する大人を批判していますね。発話する際には、so を強調するように言うと自然でしょう。

【例文】

① Kinder sind nun mal so, sie können nicht stundenlang sitzten.
子供ってそういうものさ、何時間も座っていられないんだ。

② Ich bin einfach so, ich sage immer was ich denke.
私はそういう性格なんだ、いつでも自分の考えていることをそのまま言ってしまうんだ。

Nur dann glauben sie ihn zu kennen. (p.34, 5行目)
こういう数字を聞いて初めて、その子のことがわかったような気になるんだよ。

【解説】nur dann で「～して初めて」という意味です。発話する際にはdannの方にアクセントをつけるようにします。ここでは、大人は数字の情報を得ないと人を信用しないのだという批判の気持ちも込められています。

【例文】

① Wir müssen zusmmenarbeiten, nur dann kann es funktionieren.
私達は協力し合って初めて、うまくいく。

② Ich muss das fertig machen, nur dann kann ich rausgehen.
これを終わらせて初めて、外出できる。

Keiner sollte mein Buch mit einer lächerlichen Einstellung lesen.
（p.36, 2–3行目）
だれも、ふざけた気持ちでぼくの本を読んじゃいけないよ。

【解説】Einstellung という言葉には「収納、中止、調整」などの他に「見解、意見」という意味もあります。Meinungが、ある物事に対する具体的な「意見」を指すのに対し、Einstellung はより広い意味の「見解」として用いられます。

【例文】

① Er hat eine sehr pessimistische Lebenseinstellung.
彼は人生に対して、とても悲観的な見方をしている。

② Man soll eine gesunde Einstellung zur Ernährung haben.
栄養に関して、正しい見解を持つべきだ。

Teil 2

Kapitel 5-8

Kapitel V

Jeden Tag lernte ich etwas über seinen Planeten, Gründe, warum er diesen verlassen hatte, und etwas über seine Reise. Ich erfuhr diese Dinge nach und nach, per Zufall, während wir uns unterhielten. Am dritten Tag lernte ich etwas über die Affenbrotbäume. Ich lernte diese Dinge auch wegen des Schafes. Plötzlich, als ob er meine Zweifel bemerkt hätte, fragte mich der kleine Prinz:

„Es ist doch wahr, dass Schafe Büsche fressen, nicht wahr?"

„Ja das ist wahr."

„Oh, bin ich froh."

Ich verstand nicht, warum es so wichtig war, dass Schafe Büsche fressen. Aber dann fragte der kleine Prinz:

„Bedeutet das, dass Schafe auch Affenbrotbäume fressen?"

Ich erzählte ihm, dass Affenbrotbäume keine Büsche sind. Sie sind wie Bäume, so groß wie Kirchen.

Selbst wenn er viele Elefanten hätte, sie würden nicht fähig sein, auch nur einen Affenbrotbaum zu fressen.

Die Vorstellung so vieler Elefanten brachte den kleinen Prinzen zum Lachen.

„Vielleicht sollten wir sie aufeinander stellen..."

■erfuhr>erfahren 経験する　■fressen むさぼり食う　■verstand>verstehen 理解する
■selbst wenn たとえ〜であろうとも　■fähig 有能な　■zum Lachen bringen 笑わせる
■aufeinander 互いに向かって

第 5 章

　毎日ぼくは、王子さまの惑星のことや、どうして王子さまがそこを離れた
か、それからの旅について、何かしら学んだ。話をしているうちに、ゆっく
りと、偶然、わかるんだ。3日目にバオバブの木について聞いたときもそう
だった。

　これも、きっかけはヒツジだった。不安そうな感じで、王子さまが突然、
聞いてきたのだ。

　「ヒツジが草を食べるって本当だよね？」

　「そう、本当だよ」

　「そうか！　よかった」

　ヒツジが草を食べるのがどうしてそんなに大事なのか、ぼくにはわからな
かった。でも、王子さまはこうたずねたのだ。

　「じゃあ、ヒツジはバオバブも食べる？」

　そこでぼくは、バオバブは草ではなくて、教会みたいに大きい木なのだと
教えてやった。象がたくさんいて
も、バオバブの木を1本食べること
もできやしないと。

　たくさんの象を思い描いて、王子
さまは笑った。

　「象をどんどん上に積んでいけば
いいんだね……」

Dann erzählte er mir:

„Du weißt, Affenbrotbäume sind nicht groß am Anfang. Wenn sie jung sind, sind sie sehr klein."

„Das ist wahr. Aber warum möchtest du, dass dein Schaf die jungen Affenbrotbäume frisst?"

Er sagte „Nun lass mich erklären!", als ob er etwas Wichtiges zu sagen hätte. Ich musste sehr gut aufpassen, um zu verstehen, was er danach sagte.

Auf dem Planeten des kleinen Prinzen, wie auf allen anderen Planeten, gibt es gute Pflanzen und schlechte Pflanzen. Was bedeutet, dass es gute Saaten von den guten Pflanzen, und schlechte Saaten von den schlechten Pflanzen gab. Aber Saaten sind sehr klein und schwer zu erkennen. Sie schlafen in der Erde, bis sie sich entschieden haben, aufzuwachen, um dann zu wachsen. Dann sprießen sie durch die Erdoberfläche. Wenn die kleinen Sprossen größer werden, um eine gute Pflanze zu werden, kann man sie allein lassen. Aber wenn die Sprossen eine schlechte Pflanze werden, musst du sie herausziehen, so bald wie möglich. Es gab viele furchtbar schlechte Saaten auf dem Planeten des kleinen Prinzen: Affenbrotbaumsaaten. Der Grund und Boden dieses Planeten war voll von ihnen. Und wenn du zu lange wartest, die kleinen Affenbrotbaumkeime herauszuziehen, werden sie weiter wachsen und den ganzen Planeten bedecken. Sie werden den Planeten übernehmen. Und wenn der Planet sehr klein ist und es zu viele Affenbrotbäume gibt, werden die Affenbrotbäume den Planeten zerstören.

■als ob まるで〜のように ■Saat (f) 種 ■entschieden>sich[4] entscheiden 決定する
■sprießen 発芽する ■Oberfläche (f) 表面 ■Spross (m) 新芽 ■herausziehen 引き抜く
■bedecken 覆う ■übernehmen 引き継ぐ ■zerstören 破壊する

そして言った。

「バオバブは最初から大きいわけじゃないんだよ。はじめはとても小さいんだ」

「それはそうだ。でもきみはどうして、ヒツジに小さいバオバブを食べさせたいんだい?」

王子さまは言った。「うん、説明しよう!」重大事を明かすような言い方だった。次にくる説明をちゃんと理解するのに、ぼくは注意して聞かなければならなかった。

惑星ではどこも同じだが、小さな王子さまの惑星にも、いい植物とわるい植物が生えていた。つまり、いい植物から取れるいい種と、わるい植物から取れるわるい種とがあったのだ。でも種というものは、とても小さくて見にくい。目をさまして成長しようと決めるまでは土の中で眠っていて、その時が来ると、土を突き抜けて小さな芽を出すんだ。その芽が大きくなって、いい植物になれば、そっとしておいていい。でもわるい植物になったら、できるだけ早くひっこ抜かなければならないのだ。王子さまの惑星には、ものすごく性質のわるい種があった……バオバブの種だ。この種は、星中の土の中に埋まっていた。うっかりして芽のうちに抜いてしまわないと、どんどん育って惑星中に広がってしまう

のだ。星は乗っ取られてしまうだろう。うんと小さい惑星にバオバブがたくさん育ったら、その星は壊されてしまう。

„Es ist eine tägliche Herausforderung", sagte der kleine Prinz später. „Jeden Morgen musste ich mich um den Planeten kümmern. Ich musste die Affenbrotbaumkeime herausziehen, sobald ich sie von den Rosen unterscheiden konnte. Affenbrotbaumkeime sehen aus wie Rosen, wenn sie jung sind. Es ist eine langweilige Arbeit, aber es ist einfach getan."

Und eines Tages bat er mich, ein Bild zu malen, um Kindern meines Planeten seine Lage zu erklären. „Wenn sie mal meinen Planeten besuchen sollten", sagte er mir, „wird es vielleicht helfen. Manchmal kann man warten und seine Arbeit später machen. Aber wenn man es mit Affenbrotbäumen zu tun hat, führt dies zu schrecklichen Problemen. Ich kannte einen Planeten, wo ein fauler Mann wohnte. Er ignorierte drei kleine Sprossen und..."

Ich habe daher dieses Bild gezeichnet, wie es mir der kleine Prinz beschrieben hatte. Im Allgemeinen mag ich anderen Leuten nicht sagen, was sie tun müssen. Aber die Gefahr von Affenbrotbäumen ist allgemein nicht so bekannt. Und daher habe ich hier eine Ausnahme von der Regel gemacht. Daher sage ich: „Kinder! Passt auf, wenn es Affenbrotbäume gibt!" Ich habe mich sehr angestrengt, dieses Bild gut zu machen. Ich hoffe, es zeigt meinen Freunden die Gefahr auf. Die Lektion, die ich lehren wollte, war es den Aufwand wert, die Zeichnung zu machen.

Vielleicht fragst du jetzt: Warum sind die anderen Bilder in diesem Buch nicht so gut wie das Bild dieses Affenbrotbaums?

Die Antwort ist einfach: Ich habe es versucht, aber nicht geschafft. Als ich den Affenbrotbaum malte, war ich getrieben von der Gefahr, die dieser Affenbrotbaum darstellt.

■Herausforderung (f) 挑戦　■sich⁴ um et⁴/j⁴ kümmern　～の世話をする　■getan>tun ～する
■kannte>kennen 知っている　■faul 怠惰な　■beschrieben>beschreiben 描写する

「要は、毎日、きちょうめんに片づけることだよ」小さな王子さまはあとで
ぼくに言った。「毎朝、ぼくは星の世話をする。バラの苗と区別がつくが早
いか、バオバブの苗は抜くんだ。出始めのころは、バオバブってバラにそっ
くりなんだよ。作業はおもしろくもないけど、簡単なんだ」

　そしてある日、王子さまは、ぼくの惑星の子どもたちのために絵を描いて
ほしいと頼んだ。「いつか子どもたちが旅行することがあったら」、王子さま
は言った。「これが役に立つかもしれない。待ってみて、あとからやっても
遅くない作業もある。でもバオバブが相手のときは、待っていたら大変なこ
とになるんだ。ぼくの知っているある星は、なまけものの男が住んでいて、
3本の若芽をほうっておいたんだ。そうしたら……」

　それでぼくは、王子さまの説明どおり、この絵を描いた。普通なら、ぼく
は人に指図をするのはきらいだ。でもバオバブの危険というものはあまり広
く知られていない。だから、今回だけは自分のルールに例外をつくることに
した。こう言おう。「子どもたち！　バオバブに気をつけろ！」ぼくは、この
絵をものすごく一生懸命描いた。ぼくの友達がこれを見て、バオバブの危険
をわかってくれるといいのだが。ぼくの言

いたかったこの教訓は、がんばって絵
を描くだけの価値があったと思う
よ。

　きみはたずねるかもしれない。こ
の本のほかの絵は、どうしてバオバ
ブの絵みたいに上手じゃないの？

　答えは簡単だ。ぼくはベストを尽く
したけど、うまくいかなかった。バオ
バブを描いたときは、バオバブのはら
む危険に触発されたのだ。

■eine Ausnahme machen 例外とする
■passt...auf>aufpassen 気をつける　■sich⁴
anstrengen 努力する　■aufzeigen 指摘する　■Aufwand
(m) 浪費　■treiben 駆り立てる　■darstellen 表す

Kapitel VI

Oh, Kleiner Prinz, so
langsam verstehe ich die Traurigkeit
in deinem kleinen Leben. Du hattest nie viel
Zeit für Vergnügen, außer der Freude, die Schönheit
des Sonnenuntergangs zu beobachten. Ich habe dies am
vierten Morgen erfahren, als du mir sagtest: „Ich liebe es, den
Sonnenuntergang zu beobachten, lass uns einen beobachten...“
„Aber wir müssen warten.“
„Warten auf was?“
„Warten bis zum Sonnenuntergang.“
Du hast zuerst sehr überrascht ausgesehen und dann dich selbst
ausgelacht. Und du sagtest: „Für einen Augenblick dachte ich, ich
wäre zu Hause!“

Jeder weiß, wenn es Mittag in den USA ist, geht in Frankreich die
Sonne unter. Wenn wir den Sonnenuntergang in Frankreich sehen
wollten, müssten wir innerhalb einer Minute nach Frankreich reisen.
Leider ist Frankreich zu weit entfernt. Aber auf deinem kleinen
Planeten brauchst du nur den Stuhl ein paar Schritte zu verschieben.
Und du kannst den Sonnenuntergang so oft sehen, wie du möchtest.

第6章

　ああ、小さな王子さま。ぼくはようやく、きみの小さな人生の悲しみがわかりかけてきた。きみは、入り日の美しさを眺める以外には、楽しみの時間など持たずに来たのだ。これを知ったのは4日目の朝、きみがこう言ったときだった。

「ぼく、日の入りを見るのが大好きだよ。見に行こうよ……」
「でも待たなくちゃ……」
「待つって、何を？」
「太陽が沈むのをだよ」
　きみは最初、とてもびっくりしたようで、それから自分自身を笑って言った。「一瞬、自分の星にいるんだと思っていたよ！」

　みんな知ってると思うけど、アメリカで正午のとき、太陽はフランスで沈んでいく。日の入りを見たければ、1分くらいでフランスに行かなくちゃいけないわけだ。不幸なことに、フランスはあまりに遠い。でもきみの小さな惑星なら、椅子を何フィートか動かすだけでいいんだね。そうしたら日の入りを、何度でも見たいだけ見られるんだ。

■Vergnügen (n) 楽しみ　■beobachten 観察する　■auslachen 笑い飛ばす
■geht...unter>untergehen 没する　■verschieben 位置を変える

„Es hat mal einen Tag gegeben, da habe ich den Sonnenuntergang vierundvierzig Mal gesehen!"

Später fügte er hinzu: „Schau... wenn du traurig bist und du den Sonnenuntergang beobachtest, fühlst du dich wohler..."

Ich fragte: „Und an dem Tag, an dem du den Sonnenuntergang vierundvierzig Mal gesehen hast, warst du da sehr traurig?"

Aber der kleine Prinz hat nicht geantwortet.

Kapitel VII

Am fünften Tag erfuhr ich das Geheimnis des kleinen Prinzen.

Er stellte mir plötzlich eine Frage. Es sah so aus, als ob er lange über diese Frage nachgedacht hätte.

„Wenn ein Schaf Büsche frisst, würde es auch Blumen fressen?"

„Ein Schaf frisst alles, was ihm in die Quere kommt."

„Auch Blumen mit Dornen."

„Ja, auch Blumen mit Dornen."

„Wofür braucht man dann Dornen?"

Ich wusste es nicht. Ich war sehr beschäftigt. Ich musste mein Flugzeug reparieren. Ich war besorgt. Es war schwer, es zu reparieren, und ich hatte nicht mehr viel Wasser zum Trinken.

■Geheimnis (n) 秘密　■in die Quere kommen ～に出くわす　■Dorn (m) とげ　■besorgt 心配な

「44回見たこともあるよ！」

また、こうも言った。

「ねえ、知ってる……悲しいときには夕日を見ると気分が休まるんだ……」

ぼくはたずねた。「日の入りを44回も見た日は、とても悲しかったんだね？」

王子さまは答えなかった。

第7章

5日目になって、ぼくは王子さまの秘密を知った。

王子さまは突然、質問をしてきたが、長いこと考えてから聞いたようだった。

「もしヒツジが草を食べるのなら、花も食べる？」

「ヒツジは、手当り次第、何でも食べるよ」

「トゲのある花でも？」

「そうだ。トゲのある花でも」

「じゃ、トゲなんて、何のためにあるのさ？」

そんなことはぼくは知らない。それより忙しかった。飛行機を直そうとしていたのだ。心配でたまらなかった。修理は難しく、飲み水は底を尽きかけていた。

„Wofür braucht man dann Dornen?" Der kleine Prinz hörte nie auf, eine Frage zu wiederholen. Da ich besorgt und ungeduldig war, antwortete ich, was mir gerade so einfiel: „Die Dornen sind für nichts gut. Die Blumen haben sie aus reiner Bosheit."

„Oh!"

Aber nach einer Weile sagte er ärgerlich:

„Ich glaube dir nicht. Blumen sind schwach. Sie sind unschuldig und hübsch. Sie versuchen sich zu schützen, so gut wie sie können. Sie glauben, ihre Dornen helfen ihnen dabei..."

Ich antwortete nicht. Ich hörte nicht zu. Ich dachte die ganze Zeit an mein Flugzeug. Dann sagte der kleine Prinz zu mir:

„Und du, du denkst also, dass Blumen..."

„Nein! Nein! Ich denke gar nichts! Ich habe nur etwas gesagt, was mir gerade einfiel. Ich bin beschäftigt mit anderen, wichtigeren Sachen!"

Er starrte mich überrascht an und schrie: „Wichtigere Sachen!" Er fügte hinzu: „Du redest wie ein Erwachsener!"

Das machte mich traurig. Aber er fuhr fort: „Du verstehst überhaupt nichts!"

Er war wirklich verärgert. Er schüttelte seinen Kopf mit den blonden Haaren.

■ungeduldig 短気な ■einfiel>einfallen 思いつく ■rein 純粋な ■Bosheit (f) 悪意
■unschuldig 罪のない ■hörte...zu>zuhören 耳を傾ける ■starrte...an>anstarren じっと見
つめる ■fuhr...fort>fortfahren 続ける ■schütteln 振る

「だったらトゲは、なんのためにあるのさ？」小さな王子さまは、質問をぜったいにやめないのだ。ぼくは心配で、機嫌がわるかったので、頭にうかんだ最初のことを言った。「トゲなんて、なんの役にも立ちやしないよ。花は、意地悪だからトゲをつけてるんだ！」

「えっ！」

でもしばらくして、王子さまは怒ったように言った。

「きみの言うことなんか、信じないよ！ 花は弱いんだ。純粋で、美しいんだ。できるだけのことをして自分を守ろうとしているだけなんだよ。トゲが守ってくれると信じているんだ……」

ぼくは答えなかった。聞いてもいなかった。ずっと飛行機のことを考えていたのだ。王子さまがまた言った。

「それじゃ、きみは、きみが考える花は……」

「違う、違う！ ぼくは何にも考えちゃいない！ 思いついたことを言っただけなんだ。大事なことで忙しいんだ！」

王子さまはぼう然としてぼくを見つめ、声をあげた。「大事なこと！」そして言った。「きみはおとなみたいな話し方をするんだね！」

ぼくは決まりがわるくなった。でも王子さまは続ける。「きみは何もわかっちゃいないよ！」

王子さまは、本気で怒っていた。金色の髪をゆらしながら。

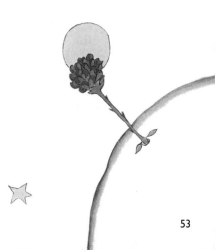

„Ich kenne einen Planeten, wo ein Rotgesicht wohnt. Er hat noch nie eine Blume gerochen. Er hat noch nie einen Stern gesehen. Er hat noch nie jemanden geliebt. Er macht nichts anderes als Zahlen zu addieren. Genauso wie du, den ganzen Tag sagt er: `Ich bin ein wichtiger Mann! Ich bin ein wichtiger Mann!` Er ist mit seiner eigenen Wichtigkeit beschäftigt. Aber er ist kein Mann... Er ist ein Pilz!"

„Ein was?"

„Ein Pilz!"

Der kleine Prinz wurde ganz weiß vor Wut.

„Seit Millionen von Jahren haben Blumen Dornen. Und ebenso haben seit Millionen von Jahren Schafe Blumen gefressen. Wie kannst du behaupten, dass es nicht wichtig ist zu verstehen, warum den Blumen Dornen wachsen, die sie nie schützen? Wie kannst du behaupten, dass der Krieg zwischen den Schafen und den Blumen unbedeutend ist? Ist das nicht wichtiger, als dass ein fetter, rotgesichtiger Mann Mathematik macht? Und ich, ich kenne jetzt eine Blume, die einzigartig ist, die nirgendwo anders wächst außer auf meinem Planeten... und wenn jetzt ein kleines Schaf diese Blume zerstören würde, sie eines Morgens fressen würde, ohne zu wissen, was das bedeuten würde, das, das macht nichts?"

Sein Gesicht wurde rosafarben, als er fortfuhr:

„Wenn eine Person eine Blume liebt, die gerade mal auf einem einzigen Stern unter Millionen von anderen Sternen wächst, dann ist das genug, um ihn glücklich zu machen, wenn er in den Sternenhimmel schaut. Er sieht die Sterne und sagt zu sich selbst: `Meine Blume ist dort irgendwo...`. Aber wenn das Schaf die Blume frisst, ist es für ihn, als ob plötzlich alle Sterne verschwinden. Und das... das ist nicht wichtig!"

「ぼくは、真っ赤な顔のおじさんが住んでいる星を知ってるよ。おじさんは花の香りをかいだこともなければ、星を見上げたこともない。だれかを愛したこともない。足し算以外、何もしない。そしてきみみたいに『おれは重要人物だ！ おれは重要人物だ！』って一日中、言ってるんだよ。自分の重要さで頭が一杯なんだ。でもそんなのは人間じゃない……キノコだ！」

「なんだって？」
「キノコさ！」
王子さまは、怒りで蒼白になった。
「何百万年もの間、花はトゲを生やしてきた。なのに、何百万年もの間、ヒツジは花を食べてきた。花がどうして、守ってもくれないトゲを生やし続けるのか、わかろうとすることが大事じゃないなんて、どうしてきみに言えるの？ ヒツジと花の戦争なんか問題じゃないって、どうして言えるの？ 足し算をしてる赤い顔の太ったおじさんより、大事じゃないって言えるの？ それにぼくは、ぼくは、たった一つしかない、ぼくの星にしか咲かない花を知ってるんだよ……そしてもし小さなヒツジがその花を壊してしまったら、自分のしていることの重大さも知らずにある朝、食べてしまったら──それがなんでもないって言うの？」

続けるうちに、王子さまの顔は薄桃色に染まってきた。
「もしだれかが、何百万もの星の中で、たった一つの星に住む花を愛したら、夜空を見上げるだけで幸せになるよ。星たちを見て、心の中で言うんだ。『ぼくの花は、このどこかにいる……』でももしヒツジがその花を食べてしまったら、突然、星がぜんぶ消えるのと同じじゃないか。それが……それが大事じゃないって言うんだ！」

■gerochen>riechen 嗅ぐ ■addieren 加算する ■Wut (f) 怒り ■behaupten 主張する
■wachsen 育つ ■unbedeutend 重要でない ■einzigartig 無比の ■verschwinden 消える

Der kleine Prinz konnte nicht weiter reden. Er weinte und weinte. Die Nacht war gekommen. Ich hatte meine Tätigkeiten eingestellt. Ich kümmerte mich nicht um das Flugzeug, oder meinen Hunger, oder ob ich sterben würde. Es gab dort auf einem Stern, einem Planeten, diesem Planeten, meinem Planeten, der Erde, einen kleinen Prinzen, der unglücklich war! Ich nahm ihn in meine Arme. Ich hielt ihn. Ich erzählte ihm: „Die Blume, die du liebst, ist nicht in Gefahr.... Ich werde dir etwas zeichnen, um deine Blume zu schützen.... Ich....." Ich wusste wirklich nicht, was ich sagen sollte. Ich fühlte mich hilflos. Ich wusste nicht, wie ich mich ihm öffnen konnte. Das Land der Tränen lag an einem so fernen Platz.

 # Kapitel VIII

Schon bald lernte ich mehr über diese Blume. Auf dem Planeten des kleinen Prinzen hat es schon immer eine einfache Blume gegeben. Sie hatte nur eine einfache Blüte. Sie erschien eines Morgens und verschwand am Abend wieder. Aber diese besondere Blume kam von einer Saat, die von woanders her kam. Der kleine Prinz beobachtete aufmerksam, wie diese ungewöhnliche Pflanze wuchs. Sie sah anders aus als all die anderen Pflanzen. Es könnte auch eine neue Art von Affenbrotbaum sein. Aber dann bekam diese neue Pflanze eine Blume. Der kleine Prinz glaubte, dass diese Blume

■einstellen 中止する　■nahm>nehmen 手に取る　■hielt>halten つかんでいる　■in Gefahr 危険で　■hilflos 無力な　■lag>liegen 位置する　■erschien>erscheinen 姿を現す　■kam>kommen 来る　■wuchs>wachsen 育つ　■bekam>bekommen 授かる

　小さな王子さまは、それ以上何も言えなかった。泣いて、泣いて、泣きとおした。夜になっていた。ぼくはやっていたことをぜんぶやめた。飛行機も、空腹も、死ぬかもしれないことさえ、どうでもよかった。ある星の、惑星の上に——いや、この惑星、ぼくの惑星、この地球に——不幸せな、小さな王子さまがいるのだ！　ぼくは王子さまを抱きよせた。抱きしめて、言った。「きみの愛している花は危ない目になんか遭ってないよ……きみの花を守れるように、何か描いてあげる……ぼく……」なんと言っていいか見当もつかなかった。自分の無力さをいたいほど感じた。どうやったら王子さまの心にとどくのか、わからなかった……。涙の国は、あまりにも遠かった。

第 8 章

　まもなくぼくは、この花についてもっと知ることになった。小さな王子さまの惑星では、いつも単純な花しか生えたことがなかった。花びらは一重で、ある朝、咲いたかと思うと、夕方にはしぼんでいた。でもこの特別な花は、種の時、どこか他の場所から来たに違いない。王子さまは、この変り種が成長するにつれ、注意深く見守った。ほかのどの植物とも違うらしい。新種のバオバブかもしれなかった。ある日、つぼみをつけた。小さな王子さまは、とびきりの花が咲くのだろうと思った。でも花の方では、一向に開く気配がなかった。お支度がすんでいないのだ。花は、身にまとう色彩を注意深く選び、ゆっくりと衣装をととのえた。最高に美しいところを披露しなければ。

eine besondere Blume sein würde. Aber die Blume öffnete sich noch nicht. Sie war noch nicht so weit, sich hübsch zu machen. Sie wählte ihre Farben mit Sorgfalt. Sie kleidete sich langsam. Sie wollte in aller Schönheit erscheinen. Oh ja, sie war sehr eitel! Ihre Vorbereitungen dauerten Tage und Tage. Und dann endlich, eines Morgens, gerade als die Sonne aufstieg, öffnete sich die Blume.

Nach all diesen Vorbereitungen sagte sie:

„Oh, ich bin noch nicht wach, entschuldige mich bitte, ich bin noch nicht so weit, mich zu zeigen...“

Der kleine Prinz konnte sich nicht zurückhalten. Er schrie:

„Oh, du bist aber sehr hübsch!“

„Bin ich das?“ anwortete die Blume süß. „Und ich wurde gerade geboren, als die Sonne aufging...“

Der Prinz konnte erkennen, dass sie sehr eitel war. Aber sie war so lieblich und so zart!

„Ich glaube, es ist Zeit zum Frühstück“, erzählte sie ihm. „Wenn du so nett sein würdest...“

Und der kleine Prinz, ein bisschen verlegen, füllte eine Wasserkanne mit kühlem Wasser und gab der Blume ihr Frühstück.

Bald fing sie an zu prahlen. Eines Tages, zum Beispiel, erzählte sie dem kleinen Prinzen, als sie sich über ihre vier Dornen unterhielten:

■Sorgfalt *(f)* 慎重さ　■sich⁴ kleiden 着る　■eitel うぬぼれた　■aufstieg>aufsteigen 上昇する　■sich⁴ zurückhalten 慎む　■aufging>aufgehen（天体が）のぼる　■erkennen 認識する　■verlegen 当惑した　■prahlen 見せびらかす

そう、とてもうぬぼれが強かったのだ！
準備は、何日も何日もかかった。そして
ついにある朝、ちょうど太陽が昇るころ、
花は開いた。

　あれだけ念入りに準備したのに、花は
こう言った。
　「あら！　まだちゃんと目が覚めていま
せんのよ……失礼いたしますわ……ご覧
いただくような状態じゃ、ございませんことよ……」
　小さな王子さまは、思わず叫んだ。
　「なんて美しいんだろう！」
　「そうでしょう？」花はやさしく答えた。「わたくし、朝日が昇る瞬間に生
まれましたのよ……」
　うぬぼれの強い花だということは、王子さまにもわかった。でも、こんな
に美しくて繊細なのだ！
　「わたくしの朝ごはんの時間だと思いますわ」
花は王子さまに言った。
「もしよろしければ……」
　きまりわるくなって王子さまは、
じょうろに冷たい水を一杯入れ、
花に朝ごはんをあげた。
　花はすぐ、見栄をはっては王子さま
を困らせ始めた。たとえばある日、バ
ラの４つのトゲの話をしていたときだ
った。こう言った。

„Lass ruhig die Tiger kommen. Ich habe keine Angst vor ihren Klauen!"

„Es gibt keine Tiger auf meinem Planeten", machte der kleine Prinz klar. „Und außerdem, Tiger fressen keine Büsche."

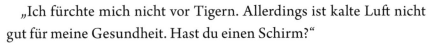

„Ich bin kein Busch," antwortete die Blume milde.

„Ich bitte um Entschuldigung....."

„Ich fürchte mich nicht vor Tigern. Allerdings ist kalte Luft nicht gut für meine Gesundheit. Hast du einen Schirm?"

„Kalte Luft ist schlecht für ihre Gesundheit... das ist ungewöhnlich für eine Pflanze", dachte der kleine Prinz. „Diese Blume ist ziemlich kompliziert...."

„Bitte stell mich jede Nacht unter eine Glaskuppel, um mich warm zu halten. Es ist sehr kalt hier, wo du lebst. Da, wo ich herkomme...."

An dieser Stelle hörte sie auf. Sie war als Saat auf den Planeten des kleinen Prinzen gekommen. Sie hatte niemals andere Planeten kennen gelernt. Verärgert, dass sie sich in so einer dummen Lüge verfangen hatte, hustete sie zwei- oder dreimal.

„Hast du einen Windfang?"

„Ich wollte gerade losgehen, um einen zu finden, aber du sprachst gerade zu mir."

Dann hustete sie noch einmal, damit er sich armselig fühlte.

■ruhig かまわずに ■Klaue (f) 猛獣の爪 ■klar machen 明らかにする ■milde 温和な ■sich⁴ vor et³ fürchten ～を怖がる ■dachte>denken 考える ■Kuppel (f) 丸屋根 ■sich⁴ in et³ verfangen ～にひっかかる ■husten 咳をする ■losgehen 出発する ■armselig みじめな

「トラでもなんでも来るがいいわ。カギ爪なんて、怖くない！」

「ぼくの星にトラはいないよ」王子さまは指摘した。「どっちにしても草を食べないし」

「わたくしは草ではありませんわ」花は甘ったるく言った。

「ごめん……」

「トラなんか怖くないことよ。でも、冷たい空気はわたくしの体によくありませんわ。風除けをお持ち？」

「冷たい空気が体にわるいなんて……植物なのにめずらしい」小さな王子さまは思いました。「この花はだいぶ気難しいんだな……」

「毎晩、ガラスのケースをかぶせて暖かくしてくださいな。あなたの星はとても寒いんですもの。私が生まれ育ったところでは……」

花は口をつぐんだ。王子さまの星には種のときに来たのだ。他の星のことなんか、知っているはずがない。ばかな嘘が見え見えになって気まずくなって、2、3回咳をした。

「風除けはお持ちかしら？」

「今、探しに行こうとしたんだけど、きみが話しかけてきたから！」

花は、王子さまにやっぱりすまなかったと思わせようとして、また咳をした。

Und dies ist der Grund, warum er der Blume, die er liebte, nicht mehr traute. Er hatte ihr geglaubt, was sie gesagt hatte, aber jetzt war er unglücklich. „Ich hätte ihr nicht zuhören sollen", erzählte er mir eines Tages. „Man sollte niemals den Blumen zuhören. Einfach nur anschauen und genießen, wie sie riechen, das reicht. Meine Blume hat meinen ganzen Planeten hübsch gemacht, aber ich konnte es nicht genießen. Ich hätte sanfter mit ihr umgehen sollen..."

Er fuhr fort:

„Ich habe sie nie wirklich verstanden. Ich hätte sie danach beurteilen sollen, was sie tut und nicht was sie redet. Ich hätte den Planeten nie verlassen sollen. Ich hätte die Lieblichkeit unter den närrischen Spielen erkennen sollen. Blumen haben es schwer. Aber ich war zu jung, um verstehen zu können, wie ich sie lieben sollte."

★
■trauen 信じる　■genießen 享楽する　■reichen 充分である　■nach et³ beurteilen ～によって判断する　■närrisch ナンセンスな　■es schwer haben 苦しい思いをする

　こうして、王子さまは、愛する花を疑うようになった。花が言うことをずっと信じてきたけれど、今は不幸せだった。

　「花の言うことなんか、聞いちゃいけなかったんだ」ある日、王子さまはぼくに言った。「花が何か言っても、信じるものじゃない。花というのは、ながめて、香りをかぐだけにするのが一番いいんだ。花のおかげでぼくの星全体が美しくなったのに、ぼくはそれを楽しめなかった。もっとやさしくするべきだったんだ……」

　王子さまは続けて言った。

　「ぼくは、この花のことが本当はわかっていなかったんだ！　花の言うことじゃなく、することで判断すべきだったんだ。花は、ぼくの世界を美しくしてくれた。ぼくは花のそばを離れるべきじゃなかったんだ！　ばからしい駆け引きの奥にあるやさしさに気付くべきだったんだ。花というのは、どれも本当にてこずるものだ！　ぼくはあまりに子どもで、どうやって花を愛したらいいか、わからなかったんだ」

覚えておきたいドイツ語表現

> Es ist doch wahr, dass Schafe Büsche fressen, nicht wahr? (p.42, 8行目)
> ヒツジが草を食べるって本当だよね？

【解説】doch にはいくつかの意味がありますが、ここは「再確認」のニュアンスが込められています。「ヒツジが草を食べる」ということが事実であることを再確認したいのですね。このことは、文末の nicht wahr?（そうだよね？）という表現からも読み取れます。

【例文】

① Es ist doch egal, ob ich um 14 Uhr komme oder um 15 Uhr.
14時に来ようが15時に来ようが、どちらでもよいでしょう？

② Es ist doch unwahrscheinlich, dass wir pünktlich ankommen werden.
私たちが時間通りに着くのは、やはり難しいだろう。

> Selbst wenn er viele Elefanten hätte, sie würden nicht fähig sein, auch nur einen Affenbrotbaum zu fressen. (p.42, 下から5–4行目)
> 象がたくさんいても、バオバブの木を1本食べることもできやしないと。

【解説】selbst wenn で「たとえ〜であろうと」という意味になります。selbst の代わりに auch を用いることもあります。

【例文】

① Auch wenn es regnet, komme ich.
たとえ雨が降っても行く。

② Selbst wenn wir nicht zusammen sein können, denke ich immer an dich.
たとえ一緒になることができなくても、いつも君のことを想っている。

> Als ich den Affenbrotbaum malte, war ich getrieben von der Gefahr, die dieser Affenbrotbaum darstellt. (p.46, 下から2–1行目)
> バオバブを描いたときは、バオバブのはらむ危険に触発されたのだ。

【解説】darstellen は「表現する、意味する、描写する」など、やや抽象的な意味を持つ動詞です。ここでは、der Affenbrotbaum stellt die Gefahr dar. という構造で、バオバ

ブの木が危険を「表す／はらむ」となります。使いこなすのが難しい動詞のように感じますが、下記の例のように、darstellen とよく並ぶ名詞をセットで覚えるとよいでしょう。

【例文】

① Dieses Produkt stellt gesundheitliches Risiko dar.
この商品は、健康にリスクを及ぼす。

② Das Meeting stellt eine gute Gelegenheit dar, unsere neue Produkte vorzustellen.
その会議は、我々の商品を紹介するよい機会になるだろう。

Ich habe nur etwas gesagt, was mir gerade einfiel. (p.52, 下から9–8行目)
思いついたことを言っただけなんだ。

【解説】アイデアが思い浮かんだり、何かを急に思い出したりする時に使う表現です。本文では、この前に Ich denke gar nichts! と言っていることからも、「ぼく」が注意深く発言したのではなく、突発的に思ったことを口にしたことがわかります。注意したいのが、人称代名詞3格を用いるということ。

【例文】

① Gute Idee! Die ist dir aber schnell eingefallen.
それはよい考えだ！ それにしても、早く思いついたものだ。

② Es ist mir leider zu spät eingefallen, dass wir uns heute treffen wollten.
今日あなたと会いたいと思ったのが、残念ながら遅すぎた。

Er macht nichts anderes als Zahlen zu addieren. (p.54, 3–4行目)
足し算以外、何もしない。

【解説】nichts anderes als~ で文字通り「～に他ならない／～しかない」という意味になります。物事を限定する表現として nur（～しか）もありますが、nichts anderes als の方が「他の選択肢はない」というニュアンスが強いのが特徴です。

【例文】

① Ich konnte nichts anderes als an den Sommerurlaub zu denken.
私は夏の休暇のことしか考えられなかった。

② Es bleibt uns nichts anderes als zu warten.
私たちには、待つこと以外ほかに方法がない。

Der kleine Prinz wurde ganz weiß vor Wut. (p.54, 10行目)
王子さまは、怒りで蒼白になった。

【解説】「怒って」は動詞 sich ärgern や böse werden などの他、aufgeregt や wütend などの形容詞で表現することもできます。そしてもうひとつ、Wut という名詞を使う方法もあります。vor の後なので3格になりますね。このように、感情を表す方法として、動詞だけでなく他の手段も覚えておくと、表現の幅が広がって楽しいでしょう。

【例文】

① Ich konnte mich nicht bewegen vor Angst.
私は恐怖で動けなくなった。

② Er schrie vor Freude.
彼は喜びのあまり叫んだ。

Sie war noch nicht so weit, sich hübsch zu machen. (p.58, 2行目)
お支度がすんでいないのだ。

【解説】weit は「広い、遠い、長い、遥かな」など距離を感じさせる意味合いを持つ言葉です。Ich bin so weit で「私は用意ができました」となります。王子さまの惑星に咲く花について語っているこの箇所、直訳すると「身支度をする準備がまだ整っていない」となります。

【例文】

① Ich bin noch nicht so weit, einen ganzen Marathon zu laufen.
まだフルマラソンを走る準備ができていない。

② Er war noch nicht so weit, mit der Doktorarbeit anzufangen.
彼は、まだ博士論文を始める段階にない。

> Verärgert, dass sie sich in so einer dummen Lüge verfangen hatte, hustete sie zwei- oder dreimal. (p.60, 下から6–5行目)
> ばかな嘘が見え見えになって気まずくなって、2、3回咳をした。

【解説】過去分詞を副詞として用いることができます。上記の例では verärgern の過去分詞 verärgert を「怒って」という副詞として扱っています。dass 以下は、怒っている理由を示しているので、文章の構造としては verärgert, hustete sie. となります。

【例文】

① Und der kleine Prinz, ein bisschen verlegen, füllte eine Wasserkanne mit kühlem Wasser... (p.58, 下から4行目)
きまりわるくなって王子さまは、じょうろに冷たい水を一杯入れ……

② Von der Arbeit erschöpft, schlief er sofort ein.
仕事で疲れ果てて、彼はすぐに寝入った。

> Ich hätte sanfter mit ihr umgehen sollen... (p.62, 7行目)
> もっとやさしくするべきだったんだ……

【解説】「ああすればよかった……」と思うことは日常生活でもありますね。王子さまが、花の言葉ではなく振る舞いで判断するべきだった……と後悔している様子が読み取れます。このように、現実には起こらなかったことを表現する際に用いるのが接続法です。ここでは、haben の接続法第 II 式 (hätten) + 動詞の不定詞 + 助動詞 (sollen) を用いた構文を挙げました。

【例文】

① Ich hätte ihr nicht zuhören sollen. (p.62, 3行目)
花の言うことなんか、聞いちゃいけなかったんだ。

② Ich hätte den Planeten nie verlassen sollen. (p.62, 下から4–3行目)
ぼくは花のそばを離れるべきじゃなかったんだ！

ドイツ語で読む「星の王子さま」

　「星の王子さま」のドイツ語訳が登場したのは1950年、原書の刊行から７年後のことです。翻訳者はオーストリア人のGrete & Josef Leitgab夫妻でした。以来、ドイツ語版はいくつか出版されています。一説によると、「星の王子さま」のドイツ語版は、フランス語版と日本語版に次いで多くの読者を獲得しているようです。サン＝テグジュペリの没後70年を迎えた2015年には特に、多くの新訳が世に出ました。著作権が消滅したことも、その理由の一つだったのでしょう。大手出版社から出た代表的なドイツ語翻訳として、Peter Stamm訳（Fischer Verlag）、Hans Magnus Enzensberger訳（dtv）、Ulrich Bossier訳（Reclam）の3作があります。

　「星の王子さま」の中で最も有名な言葉、「ぼくたちは、心の目で見ない限り、何もはっきりと見えないんだ。一番大切なものは、目に見えないんだよ」は、これまでどのように訳されてきたのでしょうか。まずは、初めてドイツ語に訳したGrete & Josef Leitgabの訳を見てみましょう。

　„Man sieht nur mit dem Herzen gut. Das Wesentliche ist für die Augen unsichtbar."

　一方、2015年刊行の新訳のうちStammとBossierは、Leitgabと全く同じにしています（StammはWesentliche を Wichtigsteにしている点が異なりますが）。あまりにも有名になってしまった文言を変えることは、たとえ翻訳であっても勇気のいることだったのでしょう。これまでの歴代の翻訳者も、この部分はLeitgab版に従っているものが多いようです。その中で、Enzensbergerは果敢に新訳に挑戦しています。

　„Man begreift gar nichts, wenn das Herz nicht dabei ist. Das, worauf es ankommt, ist mit bloßem Auge nicht zu sehen."

　Enzensbergerは「翻訳書は、原書よりも早く賞味期限が来る」と語っており、斬新な訳を与えることで、「星の王子さま」を"生き返らせる"ことを目指したのかもしれません。

　ドイツ語の「星の王子さま」を異なる訳で読み比べてみるのも楽しいかもしれません。

参　考：http://www.faz.net/aktuell/feuilleton/buecher/der-kleine-prinz-gemeinfrei-die-traenen-der-ruehrung-sind-getrocknet-13395970.html

Teil 3

*

Kapitel 9-12

Kapitel IX

Ich glaube, dass einige wilde Vögel dem kleinen Prinzen geholfen haben, den Planeten zu verlassen. An dem Morgen, an dem er diesen verließ, brachte er seinen Planeten in Ordnung. Er reinigte sorgfältig die aktiven Vulkane. Es gab dort zwei aktive Vulkane. Sie waren sehr nützlich, um sein tägliches Frühstück zu machen. Er hatte auch einen ruhenden Vulkan. Aber er sagte dann: Du weißt nie! Und er reinigte auch den ruhenden Vulkan. Solange sie sauber waren, würden die Vulkane nur so vor sich hin brennen, ohne Probleme zu verursachen.

Der kleine Prinz zog auch die neuesten Affenbrotbaumkeime heraus. Er war traurig, weil er glaubte, er würde nie wieder zurückkehren. Als er sich daran machte, die Blume fürs letzte Mal unter die Glaskuppel zu stellen, wollte er weinen.

„Auf Wiedersehen", sagte er zur Blume.

Aber sie antwortete nicht.

„Auf Wiedersehen", sagte er noch einmal.

■in Ordnung bringen 整理する ■reinigen きれいにする ■ruhen 休息する ■vor sich⁴ hin 独りひそかに ■verursachen 引き起こす ■Keim (m) 芽
■zog...heraus>herausziehen 引き抜く ■sich⁴ an et⁴ machen ～に取り掛かる

第9章

　野鳥たちが、王子さまが星を離れるのを助けてくれたらしい。出発の朝、王子さまは星をきれいに整えた。活火山を注意深く掃除した。活火山は二つあって、朝ごはんの支度に重宝したものだった。休火山もあった。でも王子さまは、「わからないからね！」と言っては掃除をしていた。きれいに掃除できているかぎり、火山は静かに燃えて、問題を起こさなかった。

　新しく出てきたバオバブの若芽
も抜いた。この星には二度と戻
らないと思っていたので、王子
さまは悲しくなった。最後にも
う一回だけ、ガラスのケース
をバラにかぶせる準備をした
とき、王子さまは泣きたかっ
た。

　「さよなら」王子さまは花
に言った。

　花は答えなかった。

　「さよなら」もう一度、
言ってみた。

Die Blume hustete. Aber sie hustete nicht wegen der Kälte. „Ich war dumm", sagte sie zum Schluss. „Ich bitte um Entschuldigung für die Art und Weise, wie ich dich behandelt habe. Versuche, glücklich zu sein."

Der kleine Prinz war überrascht, dass sie nicht böse auf ihn war, weil er sie verließ. Er stand nur da. Er wusste nicht, was er tun sollte. Er verstand ihre milde Liebenswürdigkeit nicht.

„Ich liebe dich", sagte die Blume. „Aber du hast das nicht gewusst, weil ich mich falsch ausgedrückt hatte. Aber dies ist jetzt nicht mehr so wichtig. Und du warst genau so dumm wie ich auch. Versuche, glücklich zu sein. Mach dir keine Sorgen um die Kuppel. Ich brauche sie nicht mehr."

„Aber was ist mit der kalten Nachtluft?"

„Ich bin nicht so schwach... Der frische Nachtluftwind tut mir gut. Ich bin eine Blume."

„Aber die wilden Tiere..."

„Wenn ich Schmetterlinge treffen möchte, dann muss ich mich mit einigen Raupen abgeben. Ich habe gehört, dass Schmetterlinge sehr hübsch sind. Und wer sollte mich sonst wohl besuchen? Du wirst sehr weit weg sein. Und ich habe keine Angst vor wilden Tieren. Ich habe meine Dornen."

Und sie zeigte ihm ihre vier Dornen in ihrer Arglosigkeit. Dann sagte sie noch: „Bitte steh nicht so herum. Du hast dich entschieden zu gehen, also geh."

Sie wollte nicht, dass er sah, wie sie weinte. Sie war eine stolze Blume...

■auf j⁴ böse sein ～に腹を立てている　■stand>stehen 立っている　■sich⁴ ausdrücken 自分の考えを表現する　■j³ Sorgen machen ～に心配させる　■Raupe (f) 幼虫　■sich⁴ mit j³ abgeben ～の相手をする　■Arglosigkeit (f) 無邪気さ　■steh...herum>herumstehen ぼさっと立っている

花は咳をした。寒いからではなかった。「わたくし、ばかでしたわ」とうとう花が言った。「あんな仕打ちをしてごめんなさいね。幸せになってね」

　小さな王子さまは、自分が去ることで花が怒っていないのに驚いた。王子さまは立ち尽くした。どうしてよいか、わからなかった。花がどうしておっとりと優しいのか、わからなかった。
　「あなたを愛しているわ」花は言った。「でもあなたは知らなかったのよね。わたくしの仕打ちのせいで。でももう、どうでもいいことよ。あなたもわたくしとおなじくらいばかだったのよ。幸せになってね。ケースのことは心配しないで。もういらないの」

　「でも冷たい夜の空気が……」
　「わたくし、そこまで弱くありませんわ……。新鮮な夜気は体にいいのよ。わたくしは花ですもの」
　「でも野生の動物が……」
　「蝶々に会いたければ、毛虫の一つや二つ、我慢しなければ。蝶々ってとても綺麗だって聞いたことがあるわ。それに、他にだれが訪ねてきてくれるっていうの？　あなたは遠くへ行ってしまう。野生動物なんて、恐くないわ。トゲがあるんですもの」

　花は無邪気に４つのトゲを見せた。そして言った。
　「突っ立っていないでくださいな。行くと決めたんでしょう。お行きなさいよ」
　王子さまに、泣くところを見られたくなかったのだ。ほんとうにプライドの高い花だった……。

Kapitel X

Der kleine Prinz war umgeben von den Asteroiden 325, 326, 327, 328, 329 und 330. Er entschied sich, sie alle zu besuchen. Er wollte etwas über sie lernen. Er wollte auch etwas finden, was er tun könnte. Auf dem ersten Asteroiden lebte ein König. Der König saß auf einem einfachen, aber hübschen Thron. Er trug einen wundervollen, lilafarbenen Umhang.

„Aha, hier ist ein Untertan", rief der König, als er den kleinen Prinzen sah.

Und der kleine Prinz fragte sich:

„Woher weiß er, wer ich bin? Er hat mich noch nie gesehen."

Er wusste nicht, dass in den Augen der Könige alles sehr einfach ist. Alle Männer sind seine Untertanen.

„Komm näher, damit ich dich besser sehen kann", sagte der König.

Er war sehr stolz, dass er wenigstens einen Untertanen hatte.

Der kleine Prinz schaute um sich herum, um etwas zu finden, auf das er sich setzen konnte.

Aber der Planet war bedeckt von dem Umhang des Königs, also blieb er stehen. Und da er müde war, gähnte er.

■umgeben 囲む ■saß>sitzen 座っている ■trug>tragen 身につけている ■rief>rufen 叫ぶ
■Umhang (m) ショール ■blieb...stehen>stehenbleiben 立ち止まる ■gähnen あくびをする

第10章

　小さな王子さまは、小惑星325、326、327、328、329、330のそばに来ていた。一つずつ、見て回ろうと決めた。星のことを知りたかったし、何かすることを見つけたかったのだ。

　最初の小惑星には、王さまが住んでいた。王さまは素晴らしい紫のローブを着て、シンプルで、でも美しい王座にすわっていた。

「ほほう、臣民が来たわい！」小さな王子さまを見て、王さまは叫んだ。

　小さな王子さまは心の中で思った。

「ぼくが何者だって、どうしてわかるんだろう？　今までぼくを見たこともなかったのに」

　小さな王子さまは、王さまというものにとって、世界は非常に単純明快なところだと知らなかったのだ。なにしろ男たちはみんな自分の臣民なのだから。

「もっとよく見えるように近寄ってまいれ」王さまは言った。ついに臣民ができたので、とても誇らしかったのだ。

　小さな王子さまはすわる場所を探した。

　でも星中が王さまのローブで一杯だったので、立ったままでいた。疲れていたので、あくびが出た。

Der König erzählte ihm:

„Gähnen vor dem König ist nicht erlaubt. Ich befehle dir damit aufzuhören."

„Ich konnte es nicht verhindern", antwortete der kleine Prinz, der sich nicht wohl fühlte.

„Ich habe eine lange Reise hinter mir und ich habe nicht geschlafen...."

„Wenn das so ist", sagte der König, „dann befehle ich dir zu gähnen. Ich habe niemanden seit vielen Jahren gähnen sehen. Mach weiter. Gähne noch einmal. Das ist ein Befehl."

„Nun bin ich in Verlegenheit... Ich kann nicht mehr gähnen", sagte der kleine Prinz, wobei er rot wurde.

„Hm! Hm!", sagte der König.

„Nun denn. Ich... ich befehle dir, manchmal zu gähnen und machmal..."

Er hörte auf zu sprechen. Er schien verstimmt zu sein.

■verhindern 妨げる　■mach>machen（命令形）する　■Verlegeneheit (f) 当惑
■verstimmt 不機嫌な

　王さまは言った。
「王さまの前であくびをするのは許されておらん。あくびをやめるように命令するぞ」
「つい、出てしまったんです」小さな王子さまは、気分をそこねて答えた。

「長い旅をして来て、寝ていないんです……」

「それならば」王さまは言った。「あくびをするよう命ずるぞ。あくびをするところを何年も見ていないからな。あくびは面白い。そら！　もう一度、あくびをせい。これは命令だぞ」

「それでは決まりがわるくて……。もうあくびはできません」赤くなりながら、小さな王子さまは言った。

「ふむ！　ふむ！」王さまは言った。
「では……、では時々あくびをするように命令するぞ。そしてまた時々は……」

　王さまはしゃべるのをやめてしまった。不機嫌そうだった。

Der König wollte eigentlich nur sicher sein, dass seine Macht deutlich erkennbar war.

Er regierte vollkommen und ohne Gegenrede. Aber, da er sehr weise war, waren seine Befehle immer gerecht.

„Wenn ich meinem General befehle, sich in einen Vogel zu verwandeln, und mein General würde dem nicht folgen, dann wäre dies nicht sein Fehler. Das wäre mein Fehler."

„Darf ich mich setzen?", fragte der kleine Prinz.

„Ich befehle dir, dich zu setzen", antwortete der König. Er bewegte sehr sorgfältig seinen Umhang.

Aber der kleine Prinz war überrascht. Der Planet war sehr klein. Über wen oder was regierte der König?

„Hoheit", sagte er, „bitte entschuldigen Sie, wenn ich etwas frage..."

„Ich befehle dir zu fragen", sagte der König schnell.

„Hoheit, über was regieren Sie genau?"

„Alles", antwortete der König.

„Über alles?"

Mit einer schwenkenden Bewegung seiner Hand deutete der König auf seinen Planeten, alle anderen Planeten und alle Sterne.

„Über all das?", sagte der kleine Prinz.

„Über all das," antwortete der König.

Der König regierte also nicht nur vollkommen, er regierte auch über alles.

„Und die Sterne folgen Ihren Befehlen?"

„Natürlich," erzählte ihm der König. „Sie gehorchen mir aufs Wort. Ich würde Ungehorsam nicht dulden."

■erkennbar 認識できる ■vollkommen 完全な ■Gegenrede (f) 異議 ■gerecht もっともな
■sich⁴ in et⁴ verwandeln 〜に変身する ■schwenken 振る ■auf et⁴ deuten 〜を指し示す
■j³ aufs Wort gehorchen 〜の言うことに従う ■dulden 許容する

　王さまの一番の望みは、完全な権力を持っているといつも実感できること
だった。

　王さまの支配は完全で、疑問の余地がないものだった。でも、王さまはと
ても賢明だったので、出す命令はいつも筋の通ったものだった。

　「もしわしが将軍に鳥に姿を変えよと命令したとして、将軍が従わなかっ
たら、それは将軍がわるいのではない。わしがわるいのだ」

　「すわってもいいでしょうか」小さな王子さまはたずねた。

　「すわるよう、命令するぞ」王さまは答え、気をつけながら紫のローブをず
らした。

　でも小さな王子さまはびっくりした。この星は本当に小さかったのだ。王
さまは何を治めているのだろう。

　「陛下」小さな王子さまは言った。「こんなことをおたずねするのをお許し
ください……」

　「たずねるよう、命令するぞ」王さまは急いで言った。

　「陛下……、陛下はいったい何を治めていらっしゃるのですか」

　「すべてだ」王さまは答えた。

　「すべて？」

　王さまは手を振って、自分の惑星、他の惑星、それからすべての星々を指
した。

　「これをぜんぶ？」小さな王子さまは言った。

　「これをぜんぶだ……」王さまは答えた。

　王さまの支配というのは、完全なだけでなく、すべてのものに及ぶのだっ
たから。

　「星たちも王さまの命令に従うのですか」

　「もちろんだ」王さまは言った。「星たちはわしの言うことを完ぺきに聞く
ぞ。従わないなどと、許さん」

Solche Macht schockierte den kleinen Prinzen. Wenn er selbst solche Macht hätte, hätte er nicht nur vierundvierzig, sondern zweiundsiebzig oder sogar einhundert, oder sogar zweihundert Sonnenuntergänge an einem einzigen Tag beobachten können, ohne seinen Stuhl zu verschieben! Und er fühlte sich traurig, wenn er an seinen kleinen Planeten dachte, den er zurückgelassen hatte. Er entschied sich, den König etwas zu fragen:

„Ich möchte einen Sonnenuntergang sehen.... Können Sie mir diese Freude bereiten? Bitte machen Sie einen Sonnenuntergang..."

„Wenn ich einem General befehle, von Blume zu Blume zu fliegen wie ein Schmetterling, und der General würde meinen Befehl nicht befolgen, wer wäre im Unrecht: er oder ich?"

„Sie wären im Unrecht", anwortete der kleine Prinz bestimmt.

„Genau. Als König muss ich den Untertanen Befehle geben, die sie ausführen können", sagte der König. „Meine Macht beruht auf meiner Vernunft. Wenn ich meinen Untertanen befehlen würde, sich ins Meer zu stürzen, würden sie sich gegen meine Führung erheben. Ich habe das Recht, als König zu regieren, weil meine Befehle Sinn ergeben."

„Und was ist mit meinem Sonnenuntergang?", fragte der kleine Prinz noch einmal. Er vergaß niemals eine Frage, die er schon einmal gestellt hatte.

„Du sollst deinen Sonnenuntergang haben. Ich befehle es. Aber ich muss warten bis zur richtigen Zeit."

■zurücklassen あとに残す ■j³ et⁴ bereiten ～に～を与える ■im Unrecht sein 間違っている
■ausführen 実行する ■auf et³ beruhen ～に基づいている ■sich⁴ in et⁴ stürzen 飛び込む
■sich⁴ gegen j⁴ erheben ～に対して反抗する ■ergeben 結果として生じる
■vergaß>vergessen 忘れる ■zur richtigen Zeit ちょうどよい時に

あまりにも強大な権力に、小さな王子さまはショックを受けた。もしそんな権力が自分にあったら、日の入りを、1日に44回だけでなく、72回、100回、いや200回でも、椅子も動かさずに見ることができただろう。小さな王子さまは、あとに残してきた自分の小さな星のことを考えてなんだか悲しくなった。そして王さまにお願いをすることにした。

「日の入りが見たいのです……。かなえてくださいますか？　日の入りを起こしてください……」
「もしわしが将軍に、蝶のように花から花へと飛び回るよう命令したとして、将軍が従わなかったら、それはだれがわるいのじゃ——将軍か、わしか？」
「王さまがわるいことになります」小さな王子さまはきっぱりと答えた。
「そのとおりじゃ。王さまとして、わしは臣民一人ひとりができることを命令せねばならん」王さまは言った。「わしの権力はわしの理性の賜物じゃ。わしが臣民に海に飛び込むよう命令したら、やつらは反乱を起こすであろう。わしは筋の通った命令をするから、王さまとして治める権利があるのだぞ」

「日の入りはどうなるのでしょうか？」小さな王子さまはたずねた。一度聞いた質問は絶対に忘れないのだ。

「日の入りは見せてやろう。わしが命令する。しかし、ちょうどよい時間まで待つとしよう」

„Wann wird das sein?", fragte der kleine Prinz.

„Mal sehen! Mal sehen!", antwortete der König. Er schaute auf einen großen Kalender. „Mal sehen! Mal sehen! Das wird ungefähr... ungefähr... das wird heute Abend gegen sieben Uhr vierzig sein. Und du wirst sehen, wie genau meine Befehle ausgeführt werden."

Der kleine Prinz gähnte. Er wünschte seinen Sonnenuntergang zu sehen. Und er fühlte sich gelangweilt.

„Es gibt hier nichts, was ich tun könnte", sagte er zum König. „Ich werde mich auf den Weg machen!"

„Geh nicht fort," antwortete der König. Er war so stolz, dass er einen Untertanen hatte. „Geh nicht fort. Ich werde dich zu meinem Minister machen!"

„Minister für was?"

„Für... für Gerechtigkeit!"

„Aber es gibt hier keinen, über den ich urteilen müsste."

„Man weiß nie", sagte der König. „Ich habe mein Königreich noch nicht ganz gesehen. Ich bin sehr alt. Ich habe kein Reisetransportmittel, und gehen macht mich müde."

„Oh! Aber ich habe es schon gesehen", sagte der kleine Prinz. Er schaute auf die andere Seite des Planeten. „Dort wohnt auch niemand."

„Dann musst du über dich selbst urteilen", sagte der König. „Das ist die schwierigste Arbeit überhaupt. Über sich selbst zu urteilen ist schwerer, als über eine andere Person zu urteilen. Wenn du über dich selbst urteilen kannst, dann bist du ein weiser Mann."

■sich⁴ langweilen 退屈する ■auf den Weg machen 出発する ■geh...fort>fortgehen 立ち去る ■Gerechtigkeit (f) 正義 ■urteilen 判定を下す

「ちょうどよい時間とはいつですか」小さな王子さまは聞いた。

「えへん！えへん！」王さまは答えた。大きなカレンダーを見て、「えへん！えへん！それはだいたい……だいたい……、それはだな、今晩の7時40分ごろであろう！　わしの命令がどれだけきちんと実行されているか、見るがよいぞ」

小さな王子さまはあくびをした。日の入りが見たかった。それに、退屈だった。

「ここでは、他にすることもありません」小さな王子さまは王さまに言った。「もう行くことにします！」

「行ってはならん」王さまは答えた。臣民がいるのが得意でならなかったのだ。「行ってはならん――お前を大臣にしよう！」

「何の大臣ですか？」

「その……、司法大臣じゃ！」

「でもここには、裁く相手がいないじゃありませんか！」

「それはわからんぞ」王さまは言った。「わしも王国すべてをまだ見ておらん。わしは高齢で、旅行の手段がないし、歩くと疲れるのでな」

「ああ！　でもぼくはもう見ました」小さな王子さまは言った。惑星の裏側をのぞいてみた。「あちら側にも、だれも住んでいませんよ」

「それでは、自分を裁くのじゃ」王さまは言った。「これが一番難しい。自分を裁くのは他人を裁くよりずっと難しいのじゃぞ。自分を裁くことができれば、それは非常に賢いやつじゃ」

„Ich kann über mich urteilen, egal wo ich wohne", sagte der kleine Prinz. „Dafür brauche ich nicht hier zu wohnen."

„Mal sehen! Mal sehen!", sagte der König. „Ich glaube, dass eine alte Ratte irgendwo auf meinem Planeten wohnt. Ich kann sie in der Nacht hören. Du sollst über diese Ratte urteilen. Du wirst hin und wieder ihren Tod befehlen. Aber du wirst sie jedes Mal begnadigen. Wir dürfen nicht verschwenderisch sein. Sie ist die einzige hier."

„Ich mag die Idee, jemanden zum Tode zu verurteilen, überhaupt nicht", sagte der kleine Prinz. „Ich glaube, dass ich gehen muss."

„Nein", sagte der König.

Der kleine Prinz wollte den König nicht verärgern.

„Ihre Majestät sollten mir einen gerechtfertigten Befehl geben. Zum Beispiel, Sie könnten mir befehlen, in weniger als einer Minute diesen Ort zu verlassen. Ich glaube, dass die Zeit dafür passend ist..."

Der König antwortete nicht. Der kleine Prinz wartete noch einen Moment. Dann, mit Erleichterung, verließ er den Planeten des Königs.

„Ich mache dich zu meinem Botschafter", rief der König schnell. Er sprach mit viel Überzeugung.

„Erwachsene sind sehr seltsam", sagte der kleine Prinz zu sich selbst, als er fortging.

■begnadigen 恩赦を与える ■verschwenderisch 浪費好きの ■verurteilen 有罪を宣告する ■gerechtfertigten>rechtfertigen 正当化する ■Erleichterung (f) 安堵 ■Überzeugung (f) 確信 ■seltsam 奇異な ■zu sich³ selbst sagen 心の中で思う

「自分を裁くのは、どこにいてもできます」小さな王子さまは言った。「ここに住んでいなくてもできることです」

「えへん！　えへん！」王さまが言った。「わしの惑星のどこかに、年寄りのネズミが住んでおるはずじゃ。夜になったら聞こえるからな。この年寄りネズミを裁判にかけるのじゃ。時々、死刑を宣告するがよい。だがその度に、生かしておくのじゃぞ。無駄をしてはいかん。やつ１匹しかいないのじゃからな」

「だれかを死刑にするなんて、嫌です」小さな王子さまは言った。「ぼく、もう行かなきゃ」

「だめじゃ」王さまは言った。

小さな王子さまは、年老いた王さまを怒らせたくなかった。

「陛下、一つ、筋の通った命令をくださるのはいかがでしょう。たとえば、１分以内にここを去るという命令を。ちょうどよい時間だと思いますが……」

王さまは答えなかった。小さな王子さまはもう少し待ってみて、ほっとした気持ちで、王さまの惑星を去った。

「お前を大使に任命するぞ」王さまは急いで叫んだ。

権力者のような口ぶりだった。

「おとなって、かなり変わってるんだなあ」去りながら、小さな王子さまは思った。

Kapitel XI

Auf dem zweiten Planeten wohnte ein sehr eitler Mann.

„Ah! Hier kommt ein Bewunderer!", rief er, sobald er den kleinen Prinzen sah.

Für alle eitlen Leute sind die anderen ihre Bewunderer.

„Guten Morgen", sagte der kleine Prinz. „Du trägst einen merkwürdigen Hut."

„Dieser Hut ist zum Grüßen gemacht", sagte der eitle Mann. „Ich berühre meinen Hut, wenn Leute mich bewundern. Leider kommt keiner hierher."

„Wirklich?", sagte der kleine Prinz. Er verstand das nicht. „Klatsch in die Hände", sagte der eitle Mann.

Der kleine Prinz klatschte in seine Hände. Der eitle Mann hob seinen Hut und grüßte.

„Dies macht mehr Spaß als mein Besuch beim König", sagte sich der kleine Prinz. Und er klatschte noch einige Male mehr. Der eitle Mann hob seinen Hut und grüßte zum wiederholten Male.

Nach fünf Minuten des Händeklatschens war es dem kleinen Prinzen zu langweilig.

„Warum grüßt du mit dem Hut?" fragte er.

■bewundern 驚嘆する　■klatsch>klatschen（命令形）拍手する　■hob>heben 持ち上げる

第11章

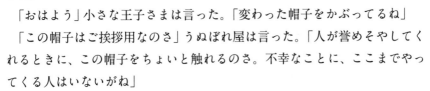

　2つ目の惑星には、とてもうぬぼれの強い
男が住んでいた。

　「ははあ、ファンが来たぞ！」小さな王子さ
まを見かけたとたん、彼は叫んだ。

　うぬぼれ屋には、だれもがファンに見える
のだ。

　「おはよう」小さな王子さまは言った。「変わった帽子をかぶってるね」

　「この帽子はご挨拶用なのさ」うぬぼれ屋は言った。「人が誉めそやしてく
れるときに、この帽子をちょいと触れるのさ。不幸なことに、ここまでやっ
てくる人はいないがね」

　「ほんとう？」小さな王子さまは言った。わけがわからなかったのだ。

　「手をたたいてごらん」うぬぼれ屋は言った。

　小さな王子さまは手をたたいた。うぬぼれ屋は帽子を片手で持ち上げて、
挨拶した。

　「こっちのほうが、王さまのところより面白そうだぞ」小さな王子さまは
心の中で思った。そして、さらに拍手をした。うぬぼれ屋はまた、帽子を持
ち上げて挨拶した。

　5分ほど手をたたき続けたら、小さな王子さまは飽きてしまった。

　「どうして帽子を持ち上げて挨拶するの？」小さな王子さまはたずねた。

Aber der eitle Mann hörte ihn nicht. Eitle Leute hören nichts außer Bewunderungen.

„Bewunderst du mich wirklich sehr?", fragte er den kleinen Prinzen.

„Was bedeutet `bewundern`", fragte der kleine Prinz.

„Mich bewundern bedeutet, dass du glaubst, dass ich die hübscheste, am besten gekleidete, die reichste und die klügste Person auf diesem Planeten bin."

„Aber du bist die einzige Person auf diesem Planeten!"

„Bitte bewundere mich trotzdem!"

„Ich bewundere dich", sagte der kleine Prinz, der dies nicht verstand. „Aber warum bedeutet dir das so viel?"

Und dann verließ er den Planeten.

„Erwachsene sind wirklich merkwürdig", sagte sich der kleine Prinz, als er sich auf den Weg machte.

 # Kapitel XII

Auf dem nächsten Planeten wohnte ein Mann, der zu viel trank. Der Besuch des kleinen Prinzen auf diesem Planeten war sehr kurz, aber er machte ihn sehr nachdenklich.

■trank>trinken 飲む ■nachdenklich 考え込んでいる

けれど、うぬぼれ屋には小さな王子さまの声が聞こえまなかった。うぬぼれ屋というのは、称賛以外は耳に入らないのだ。

「きみは、本当におれを称賛してる？」彼は小さな王子さまにたずねた。

「称賛する」って、どういうこと？」小さな王子さまは言った。

「称賛するっていうのは、おれのことをこの惑星で一番かっこよくて、一番素敵な服を着ていて、一番お金持ちで、一番頭がいいと思うってことさ」

「だけど、この惑星にはきみしかいないじゃないか！」

「どうでもいいから、おれを称賛しておくれよ！」

「きみを称賛するよ」わけがわからないまま小さな王子さまは言った。「だけど、それがどうしてそんなに大事なの？」

そして、小さな王子さまはその惑星を去った。

「おとなって、本当にものすごく変わってるんだな」旅を続けながら、小さな王子さまは心の中で言った。

第１２章

次の惑星には、のんべえが住んでいた。小さな王子さまはこの惑星には少しの間しかいなかったが、ものすごく悲しくなった。

„Was machst du hier?", fragte er den Trunkenbold. Der Trunkenbold hatte viele Flaschen vor sich. Einige der Flaschen waren leer, andere waren voll.

„Ich trinke," antwortete der Trunkenbold mit einer leeren Stimme.

„Warum trinkst du?" fragte der kleine Prinz.

„Ich trinke, um zu vergessen," sagte der Trunkenbold.

„Um was zu vergessen?", fragte der kleine Prinz, der den Trunkenbold schon bedauerte.

„Um zu vergessen, wie schlecht ich mich fühle", sagte der Trunkenbold, der sich noch weiter in seinen Sitz hinein verkroch.

„Was ist das, das dich so fühlen lässt?", fragte der kleine Prinz. Er wollte ihm helfen.

„Meine Trinkerei!", antwortete der Trunkenbold. Er sagte nichts mehr.

Darauf verließ der kleine Prinz diesen Ort. Er verstand nicht, was er gesehen hatte.

„Erwachsene sind wirklich, wirklich merkwürdig", sagte er zu sich selbst.

「ここで何をしているの？」小さな王子さまはのんべえにたずねた。のんべえの前にはたくさんの瓶があった。空のものもあれば、一杯のものもある。

「飲んでるんだよ」のんべえは、うつろな声で答えた。

「どうして飲むの？」小さな王子さまはたずねた。
「忘れるためさ」のんべえは答えた。
「何を忘れるの？」もう気の毒になりながら、小さな王子さまはたずねた。

「この嫌な気持ちを忘れるためさ」椅子にますます沈みこみながら、のんべえは答えた。

「どうして嫌な気持ちになるの？」小さな王子さまはたずねた。のんべえを助けたかったのだ。
「飲むからだよ！」のんべえは答えた。そしてもう、何も言わなかった。

小さな王子さまはその星をあとにした。そこで目にしたことの意味がわからなかった。
「おとなって、本当に、とてもとても変わってるなあ」彼はつぶやいた。

■Trunkenbold (m) 飲んだくれ　■leer 空虚な　■bedauern 気の毒に思う　■verkroch>sich⁴
verkriechen 這って隠れる　■darauf その後で

覚えておきたいドイツ語表現

> Der frische Nachtluftwind tut mir gut. (p.72, 14行目)
> 新鮮な夜気は体にいいのよ。

【解説】人³ (mir) に対してよいこと (gut) をする (tun)、つまり体によい、という意味になります。王子さまが去っていくのを前に、プライドの高い花が少し強がっている様子が目に浮かびますね。

【例文】

① Yoga tut mir immer gut.
ヨガをすると、いつも気持ちがよくなります。

② Deine Worte tun mir weh.
君の言葉は私の心に刺さる。

> Du hast dich entschieden zu gehen, also geh. (p.72, 下から4–3行目)
> 行くと決めたんでしょう。お行きなさいよ。
>
> Mach weiter. Gähne noch einmal. (p.76, 10–11行目)
> そら！ もう一度、あくびをせい。

【解説】このお話には命令形が多く出てきます。普段、あまり馴染みのない動詞の形なので、この機会にたくさん覚えましょう。命令形は、du, ihr, Sie に対するものがあり、du と ihr に対するものは通常、主語をつけません。上記の例のうち Mach weiter. はよく使う表現で、「（今やっていることを）そのまま続けなさい」という意味です。

【例文】

① Versuche, glücklich zu sein. （p.72, 3–4行目）
幸せになってね。

② Bitte steh nicht so herum. （p.72, 下から4行目）
突っ立っていないでくださいな。

Woher weiß er, wer ich bin? (p.74, 10行目)
ぼくが何者だって、どうしてわかるんだろう？

【解説】「どうして」という疑問を、warum を使わず woher で表現しています。つまり「どこからその情報が来たのか」と、情報源を問うニュアンスを含みます。日常でも頻繁に使うので覚えておくとよいでしょう。ここでは「なぜ、王さまが自分のことを知っているのか」、その理由を知りたい王子さまの気持ちが表れています。

【例文】

① Woher weiß man, wo Norden ist?
どちらが北か、どうやってわかるの？

② Woher weißt du, dass ich heute beim Sport gewesen bin?
ぼくが今日スポーツをしてきたと、どうしてわかる？

Ich habe eine lange Reise hinter mir... (p.76, 6行目)
長い旅をして来て……

【解説】やり終えたことや経験したことを現す表現です。hinter mir つまり「私の後ろにある」という意味から、Ich habe eine lange Reise gemacht. よりも「経験し終わった」というニュアンスが出ます。hinter のあとは人称代名詞3格であることに注意しましょう。王さまの前であくびをしてしまったのは「長い旅を終えたばかりの身だから」という王子さまの気持ちが読み取れます。

【例文】

① Mein Großvater hat ein anstrengendes Leben hinter sich.
私の祖父は、大変な人生を送ってきた。

② Endlich habe ich die Prüfung hinter mir!
ようやく試験が終わった！

Und was ist mit meinem Sonnenuntergang? (p.80, 下から5行目)

日の入りはどうなるのでしょうか？

【解説】何か気がかりなことがある時に使う表現です。Was ist mit 〜? で「○○はどう
なるのか？」という意味になります。接続詞 mit があるので、○○にあたる名詞は3格
になります。

【例文】

① Was ist mit Linda? Kommt sie heute noch?

リンダは(どうなる)？ 彼女は今日来るの？

② Was ist mit dem Teller? Soll ich ihn in die Küche bringen?

このお皿はどうする？ キッチンに持っていこうか？

Er wollte ihm helfen. (p.90, 下から7行目)

のんべえを助けたかったのだ。

【解説】日本語では、○○「を」助ける、と言うので、ついドイツ語でも目的格である4
格を用いてしまいがちですが、helfen は3格 (上記の例の場合、ihn ではなく ihm) を要
求します。このように、日本語とは異なる格を必要とするドイツ語の動詞はいくつかあ
るので、よく使うものはまとめて覚えておくとよいでしょう。

【例文】

① Ich glaube dir.

君を信じる。(dichではなくdir)

② Hör ihm genau zu!

彼の言うことをよく聞け！(ihnではなくihm)

③ Er folgt mir die ganze Zeit.

彼はずっと私をつけてくる。(michではなくmir)

Teil 4

———— ✳ ————

Kapitel 13-16

Kapitel XIII

Auf dem vierten Planeten wohnte ein Geschäftsmann. Dieser Mann war so beschäftigt, dass er nicht einmal den kleinen Prinzen kommen sah.

„Hallo", sagte der kleine Prinz. „Deine Zigarette ist ausgegangen."

„Drei plus zwei sind fünf. Fünf plus sieben sind zwölf. Zwölf plus drei sind fünfzehn. Hallo. Fünfzehn plus sieben sind zweiundzwanzig. Zweiundzwanzig plus sechs sind achtundzwanzig. Ich habe keine Zeit, sie wieder anzuzünden. Huh! Dann sind das insgesamt fünfhundert und eine Million, sechshundertzweiundzwan zigtausend siebenhunderteinunddreißig."

„Fünfhundert Millionen was?", fragte der kleine Prinz.

„Was? Bist du immer noch da? Fünfhundert und eine Million .... Ich kann mich nicht erinnern. Ich habe so viel zu tun. Ich bin ein sehr wichtiger Mann. Ich habe keine Zeit für dumme Spiele. Zwei plus fünf sind sieben..."

„Fünhundert und eine Million was?", fragte der kleine Prinz zum wiederholten Mal. Er hörte nie auf, eine Frage zu wiederholen, die er einmal gestellt hatte.

Der Geschäftsmann schaute auf. Er sagte:

■nicht einmal ～ですらない ■ausgegangen>ausgehen（火が）消える ■anzünden 火をつける ■aufschauen 見上げる

第１３章

　４つ目の惑星には、実業家が住んでいた。この男はあまりにも忙しかったので、小さな王子さまが着いたのも目に入らなかった。

「こんにちは」小さな王子さまは言った。「タバコの火が消えてますよ」
「３足す２は５。５足す７は12。12足す３は15。こんにちは。15足す７は22。22足す６は28。火をつけ直す時間がないんだ。26足す５は31。ふう！これで５億162万2731だ」

「５億って何が？」小さな王子さまはたずねた。
「なんだって？　まだいたのか？　５億100万の……思い出せん……しなけりゃならないことが一杯あるんだ！　おれは重要人物なんだぞ——ばかなお遊びに付き合っている暇はないんだ！　２足す５は７……」

「５億100万の、何があるの？」小さな王子さまはたずねた。一度たずね出したら、絶対にやめないのだ。

　実業家は顔を上げた。そして言った。

„In den vierundfünfzig Jahren, die ich auf diesem Planeten lebe, bin ich nur dreimal unterbrochen worden. Das erste Mal war vor zweiundzwanzig Jahren, als ein Insekt herunterfiel, keiner weiß von wo. Es machte ein sehr ungewöhnliches Geräusch, und ich machte vier Fehler in meiner Rechnung.

Das zweite Mal war vor elf Jahren, als ich krank wurde. Ich habe nicht genug Zeit, um Sport zu machen. Ich kann meine Zeit nicht vergeuden. Ich bin ein wichtiger Mann. Das dritte Mal ... das ist gerade jetzt! Als ich gerade sagte, fünfhundert und eine Million..."

„Millionen von was?"

Der Geschäftsmann erkannte, dass der kleine Prinz nicht aufhören würde zu fragen. Er antwortete:

„Millionen dieser kleinen Dinge, die du manchmal am Himmel siehst."

„Fliegen?"

„Nein, nein. Die kleinen Dinge leuchten."

„Bienen?"

„Nein. Diese kleinen goldenen Dinge, von denen die faulen Leute träumen. Aber ich bin ein wichtiger Mann. Ich habe keine Zeit, herumzusitzen und zu träumen."

„Oh! Du meinst die Sterne?", sagte der kleine Prinz.

„Ja, das ist richtig. Sterne."

„Und was machst du mit fünfhundert Millionen Sternen?"

■unterbrochen>unterbrechen 中断する　■herunterfiel>herunterfallen 落ちてくる
■vergeuden 無駄に使う　■von et³ träumen 〜のことを夢見る　■herumsitzen ぼんやり座って
いる

「この惑星に54年住んでるが、無理やりストップさせられたのは三度だけだ。一度は22年前で、どこからか知らないが虫が落ちてきたときだ。とんでもないひどい音がして、計算を4つ間違えたよ。

二度目は11年前で、おれが病気になったんだ。運動が足りないんでな。無駄にする時間はないんだ。おれは重要
人物なんだぞ。三度目は……今だ！
さっきの続きは、5億100万……」
「何100万もの、何があるの？」
実業家は、小さな王子さまが
質問をやめそうにないのに気が付いた。
「時々空に見える何百万のモノさ」

「ハエのこと？」
「違う、違う。光る小さなものだ」
「ミツバチかなあ？」
「違う。小さくて金色で、怠け者が夢を見る
あれさ。だがおれは重要人物なんだぞ。だらだらと夢を見ている暇はないんだ！」
「ああ、星のこと？」小さな王子さまは言った。
「そう、それだ。星だ」
「5億もの星をどうするの？」

„Fünfhundert und eine Million, sechshundertundzweiund-zwanzigtausend, siebenhundertundeinunddreißig Sterne. Ich bin ein wichtiger Mann. Ich addiere sie sorgfältig.“

„Und was machst du mit diesen Sternen?“

„Was ich damit mache?“

„Ja.“

„Nichts. Ich besitze sie.“

„Du besitzt diese Sterne?“

„Ja.“

„Aber ich habe schon einen König getroffen, der....“

„Könige besitzen keine Dinge. Sie verwalten Dinge. Das ist etwas ganz anderes“, erzählte ihm der Geschäftsmann.

„Warum ist es so wichtig, dass du die Sterne besitzt?“

„Es macht mich reich.“

„Was bedeutet es dir, reich zu sein?“

„Reich sein bedeutet, dass ich mir noch weitere Sterne kaufen kann, falls jemand welche findet.“

„Dieser Mann denkt genauso wie der Trunkenbold“, sagte sich der kleine Prinz. Aber er stellte noch weitere Fragen:

„Wie kannst du einen Stern besitzen?“

„Wer sonst besitzt sie?“, antwortete der Geschäftsmann ungehalten.

„Ich weiß nicht. Keiner besitzt sie.“

„Nun denn, sie sind also meine, weil ich der erste bin, der daran gedacht hat, sie zu besitzen.“

„Ist das genug?“

■besitzen 所有する　■verwalten 管理する　■wer sonst 他に誰がいるというのか
■ungehalten 不機嫌な

「5億162万2731の星だ。おれは重要人物なんだぞ。慎重に星の足し算をするんだ」

「それで、その星をどうするの？」
「どうするかって？」
「そう」
「どうもしやせんよ。おれの所有物なんだ」
「星を持ってるの？」
「そうだ」
「でもぼくの会った王さまがもう……」
「王さまは何も所有してないさ。治めるだけ。大変な違いだぞ」実業家は言った。
「星を所有することがどうしてそんなに大事なの？」
「金持ちになれるからさ」
「金持ちになるのがどうしてそんなに大事なの？」
「金持ちなら、他の星が見つかったとき、もっと買えるからな」

「この男はのんべえと同じ考え方をしているな」小さな王子さまは思った。それでも、もういくつか質問をしてみた。
「星を所有するなんて、どうやってできるの？」
「ほかにだれが所有してるっていうんだ？」実業家は怒って答えた。

「わからないよ。だれでもないよ」
「だったら、おれのものだ。最初に星の所有を考えたのはおれなんだから、おれのものだ」
「それだけでいいの？」

„Natürlich ist es das. Wenn du einen Diamanten findest, der niemandem gehört, dann ist es deiner. Wenn du eine Insel findest, die niemandem gehört, ist es deine. Wenn du der erste bist mit einer Idee, dann gehört sie dir. Und ich, ich besitze die Sterne, weil niemand daran gedacht hat, sie zu besitzen."

„Das ergibt Sinn", sagte der kleine Prinz. „Und was machst du mit ihnen?"

„Ich zähle sie und zähle sie noch einmal", sagte der Geschäftsmann. „Es ist eine schwere Arbeit. Aber ich bin ein wichtiger Mann!"

Aber der kleine Prinz war noch nicht fertig mit seinen Fragen.

„Aber ich besitze einen Schal. Ich kann ihn um meinen Hals schlingen und ihn mitnehmen. Wenn ich eine Blume besitze, kann ich sie pflücken und mitnehmen. Aber du kannst keine Sterne mitnehmen!"

„Nein, aber ich kann sie zur Bank bringen", sagte der Geschäftsmann.

„Was bedeutet das?"

„Das bedeutet, dass ich die Zahl der Sterne, die ich besitze, auf ein Stück Papier schreibe. Dann verschließe ich das Stück Papier an einem sicheren Platz."

„Das ist alles?"

„Das ist genug!"

■j³ gehören ～の所有物である ■zählen 数える ■Schal (m) 襟巻き ■schlingen 巻きつける
■pflücken 摘む ■verschließen 鍵をかける

「もちろんいいんだとも。だれのものでもないダイヤモンドを見つけたら、そいつは見つけたやつのものだ。だれのものでもない島を見つけたら、それは見つけたやつのものになるんだ。何かアイデアを最初に思いついたら、そのアイデアは自分のものになる。星を持つってことをだれも考えつかなかったから、星はおれのものなのさ」

「それは理屈が通ってるなあ」小さな王子さまは言った。「それで、星をどうするの？」

「数えて、また数えるのさ」実業家は言った。「大変な仕事さ。でもおれは重要人物だからな！」

でも小さな王子さまは、まだ質問がすんでいなかった。

「襟巻きがぼくのものなら、首に巻きつけて持っていけるよ。花なら、つんで持っていける。でも星は持っていけないじゃないか！」

「無理さ、だが銀行に入れることができる」実業家は言った。

「それはどういうこと？」

「つまり、おれが持つ星の数を紙に書くんだ。それを安全なところにしまって、鍵をかけておくのさ」

「それだけ？」
「それで十分だ！」

„Wie lustig", dachte der kleine Prinz. „Es ist eine interessante Idee, aber sie ergibt wenig Sinn." Der kleine Prinz dachte über wichtige Dinge ganz anders. Er sagte zu dem Geschäftsmann:

„Ich besitze eine Blume, der ich jeden Tag Wasser gebe, ich besitze drei Vulkane, die ich jede Woche einmal reinige. Ich bin nützlich für meine Blume und meine Vulkane. Aber du bist nicht nützlich für deine Sterne."

Der Geschäftsmann öffnete seinen Mund, aber es fiel ihm nichts ein, was er hätte sagen können.

Danach verließ der kleine Prinz den Planeten.

Auf seinem Weg sagte er zu sich selbst: „Erwachsene sind sehr ungewöhnlich."

 # Kapitel XIV

Der fünfte Planet war sehr merkwürdig. Es war der kleinste von allen. Es gab gerade mal Platz genug für eine Straßenlaterne und einen Lampenwärter.

Der kleine Prinz konnte nicht verstehen, warum es eine Straßenlaterne und einen Lampenwärter auf diesem Planeten ohne Häuser oder weitere Leute gab.

Aber er sagte zu sich selbst:

■ reinigen きれいにする　■fiel...ein>einfallen 思いつく　■ungewöhnlich 普通でない
■Laterne (f) ランタン　■Wärter (m) 番人

「おかしいなあ」小さな王子さまは思った。「面白い考えだけど、意味が通らないよ」大切なことについては、小さな王子さまはもっと別の考え方をしていたのだ。小さな王子さまは実業家に言った。

「ぼくは花を持ってるけど、花には毎日水をやるよ。火山は三つあるけど、週に一度はきれいにする。ぼくは、花や火山にとって役に立ってるんだ。でもきみは星の役に立っていないじゃないか」

実業家は口を開いたが、何も思いつかなかった。

それで、小さな王子さまは去った。
「おとなは本当にとても変わっているんだな」旅を続けながら、小さな王子さまは思った。

第14章

5つ目の惑星は、とても変わっていた。今までの中で一番小さい惑星だった。街灯と点灯夫がおさまるだけのスペースしかなかったのだ。

小さな王子さまは、家も他の人もいない惑星に、なぜ街灯があり、点灯夫がいるのかわからなかった。でも心の中で思った。

„Vielleicht ist die Anwesenheit eines Lampenwärters albern, aber weniger albern als die des Königs, des eitlen Mannes, des Geschäftsmannes und die des Trunkenboldes. Aber die Arbeit des Lampenwärters hat wenigstens eine Bedeutung. Wenn er die Straßenlaterne anmacht, ist es wie ein neuer Stern oder eine Blume. Wenn er sie ausmacht, ist es, als ob er sie zum Schlafen bringt. Es ist eine schöne Arbeit. Und es ist nützlich, weil es schön ist."

Nachdem er auf diesem Planeten angekommen war, grüßte er den Lampenwärter:

„Hallo. Warum machst du die Straßenlaterne aus?"

„Dies sind meine Anweisungen", antwortete der Lampenwärter. „Guten Morgen."

„Wie lauten deine Anweisungen?"

„Die Laterne ausmachen. Guten Abend." Und er machte die Straßenlaterne wieder an.

„Aber warum hast du gerade die Laterne wieder angemacht?", fragte der kleine Prinz.

„Das sind meine Anweisungen", sagte der Lampenwärter.

„Das verstehe ich nicht", sagte der kleine Prinz.

„Da gibt es nichts zu verstehen", antwortete der Lampenwärter. „Anweisungen sind Anweisungen. Guten Morgen." Und er machte die Laterne wieder aus.

Dann wischte er sich mit einem Taschentuch den Schweiß aus dem Gesicht.

■albern ばかみたいな ■anmachen 点ける ■ausmachen 消す ■Anweisung (f) 命令
■sich³ wischen ぬぐう ■Taschentuch (n) ハンカチ ■Schweiß (m) 汗

「点灯夫がいるのはばかげたことかもしれない。でもこの点灯夫は、王さまや、うぬぼれ屋や、実業家やのんべえよりはまだましだ。少なくとも、この人の仕事には意味があるもの。彼が火を灯したら、星か花をもう一つ、つくり出すことになるんだろう。火を消すときには、星か花を眠りにつかせるようなものなんだ。なんだかきれいな仕事だなあ。そして、きれいだから、役にも立っているんだ」

惑星に着いてから、小さな王子さまは
点灯夫に挨拶した。
「こんにちは。どうして街灯を消したの?」
「命令を受けているからさ」点灯夫は
答えた。「おはよう」
「命令って、どんな?」
「街灯を消すことさ。こ
んばんは」そして点灯夫は、
また街灯に火を点けた。
「でも、どうしてまた点けたの?」
小さな王子さまはたずねた。
「命令を受けているからさ」
点灯夫は答えた。
「わからないよ」小さな王子さまは言った。
「わからなきゃならないことなんて、何もないさ」点灯夫は答えた。「命令は命令だよ。おはよう」そして街灯を消した。
それからハンカチで顔をぬぐった。

107

„Ich habe eine schreckliche Arbeit. Früher war sie sinnvoll. Ich habe morgens die Laterne ausgemacht und sie am Abend wieder angemacht. Ich hatte den Rest des Tages Zeit zum Ausruhen und den Rest der Nacht Zeit zum Schlafen..."

„Und dann haben sich deine Anweisungen geändert?"

„Meine Anweisungen haben sich nicht geändert", sagte der Lampenwärter. „Das ist das Problem! Jedes Jahr dreht sich der Planet schneller und schneller, und meine Anweisungen haben sich nicht geändert!"

„Was ist passiert?", fragte der kleine Prinz.

„Zur Zeit dreht sich der Planet einmal pro Minute, und ich habe keine Zeit mich auszuruhen. Ich mache die Laterne an und aus einmal pro Minute!"

„Wie lustig! Ein Tag hier auf deinem Planeten dauert gerade mal eine Minute!"

„Es ist überhaupt nicht lustig", sagte der Lampenwärter. „Wir unterhalten uns schon einen Monat lang."

„Einen Monat?"

„Ja. Dreißig Minuten! Dreißig Tage! Guten Abend." Und er machte die Straßenlaterne wieder an.

■schrecklich いやな　■sich⁴ ändern 変わる　■sich⁴ drehen 回る　■sich⁴ ausruhen 休息する

「この仕事はひどいよ。昔はちゃんとしてたんだ。朝、街灯を消して、夜点ける。それ以外の昼の時間は休んで、それ以外の夜の時間は眠れたんだが……」

「それから命令が変わったの？」
「命令は変わっていないよ」点灯夫は言った。「それが問題なんだ！ この惑星は、毎年どんどん早く回転しているのに、命令は変わらないんだ！」

「どうなったの？」小さな王子さまがたずねた。
「今じゃ1分に1度回転するから、休むひまがないんだ。毎分、街灯を点けたり消したりしているんだよ！」

「なんておかしいんだろう！ きみの惑星の1日はたった1分なんだね！」

「ちっともおかしかないね」点灯夫は言った。「おれたち、もう丸ひと月もしゃべってるんだぜ」
「ひと月も？」
「そうさ、30分！ 30日！ こんばんは」そして街灯をまた点けた。

Der kleine Prinz bewunderte diesen Lampenwärter, der seine Anweisungen aufs Wort befolgte. Er erinnerte sich an die Sonnenuntergänge auf seinem Planeten und wie er sich bemüht hatte, diese zu beobachten, indem er seinen Stuhl bewegte. Er wollte dem Lampenwärter helfen. Er sagte:

„Ich weiß, wie du dich ausruhen kannst, wenn du möchtest..."

„Ich brauche immer eine Pause", sagte der Lampenwärter.

Es ist möglich, Anweisungen zu folgen und faul zu sein zur gleichen Zeit.

Der kleine Prinz fuhr fort:

„Dein Planet ist so klein, dass man in drei Schritten um ihn herumgehen kann. Auch wenn du langsam gehst, dauert es immer einen Tag. Wenn du also ausruhen möchtest, kannst du gehen... und der Tag wird so lang sein, wie du möchtest."

„Das wird mir nicht viel helfen", sagte der Lampenwärter. „Was ich wirklich möchte, ist schlafen."

„Das ist unglücklich", sagte der kleine Prinz.

„Es ist unglücklich", stimmte der Lampenwärter dem zu. „Guten Morgen." Und er machte die Lampe aus.

Während er seine Reisen fortführte, sagte der kleine Prinz zu sich selbst:

■befolgen 従う ■sich⁴ bemühen 努力する ■herumgehen ぐるりと回る
■stimmte...zu>zustimmen 同意する ■fortführen 続ける

　小さな王子さまは、命令にこんなに忠実な点灯夫をすごいと思った。自分の惑星の入り日を思い出し、椅子を動かして何度も見ようとしたのを思い出した。小さな王子さまは、点灯夫を助けたくなって言った。

「休みが必要なときに取れる方法を知ってるよ……」
「休みなら、いつも必要だね」点灯夫は言った。
命令に従いながら、同時にゆっくりすることも可能なのだ。

　小さな王子さまは続けた。
「きみの惑星は小さいから、3歩で一周できる。ゆっくり歩いても、いつも昼間だよ。だから、休みたいときには歩けば……、好きなだけ昼間が続くよ」

「それはあんまり役に立たないよ」点灯夫は言った。「本当にしたいのは、寝ることなんだから」
「それはついてないね」小さな王子さまは言った。
「ついてないな」点灯夫は同意した。「おはよう」そして街灯を消した。

　旅を続けながら、小さな王子さまは思った。

„Dieser Lampenwärter würde von allen, die ich bisher getroffen habe – dem König, dem eitlen Mann, dem Trunkenbold, und dem Geschäftsmann – für gering erachtet werden. Er ist jedoch der einzige, der keinen dummen Eindruck auf mich macht. Vielleicht darum, weil er an etwas anderes denkt als an sich selbst."

Der kleine Prinz seufzte und sagte zu sich selbst:

„Er ist der einzige, der mein Freund sein könnte. Aber sein Planet ist wirklich zu klein. Es ist kein Platz für zwei..."

Es gab noch einen Grund, weshalb der kleine Prinz sich wünschte, er könne länger auf diesem Planeten bleiben, da es eintausendvierhundertundvierzig Sonnenuntergänge binnen vierundzwanzig Stunden gab.

 # Kapitel XV

Der sechste Planet war zehnmal größer als der letzte. Auf diesem Planeten lebte ein sehr alter Mann, der große Bücher schrieb.

„Sieh mal an! Hier ist ein Forscher", rief der alte Mann, als er den kleinen Prinzen sah.

Der kleine Prinz setzte sich zu dem Mann an dessen Tisch. Er war müde. Er war schon so weit gereist!

„Woher kommst du?", fragte der alte Mann.

■erachten みなす ■auf j⁴ keinen Eindruck machen ～の印象に残らない ■darum, weil ～という理由で ■seufzen ため息をつく ■schrieb>schreiben 書く

「あの点灯夫は、ぼくの出会った全員に見下されるだろう——王さまにも、うぬぼれ屋にも、のんべえにも、実業家にも……。でもぼくには、ばかげて見えないのはあの人だけだ。たぶん、自分以外のことを考えてるのはあの人だけだからだろう」

小さな王子さまはため息をついて、独り言を言った。
「友達になれそうなのはあの人だけだったのに。でも、あの星は小さすぎる。二人には狭すぎるんだ……」
小さな王子さまがその小惑星にもっといたかった理由はもう一つ、入り日が24時間に1440回もあるからだった！

第15章

6つ目の惑星は、5つ目の惑星より10倍も大きくて、非常に大きな本を書くおじいさんが住んでいた。
「ほう！ 探検家じゃな」小さな王子さまを見て、おじいさんは叫んだ。

小さな王子さまはおじいさんの机の上にすわった。疲れていたのだ。とても遠くまで旅してきたのだから！
「どこから来たのじゃな？」おじいさんはたずねた。

„Was ist das für ein großes Buch? Was machst du hier?", fragte der kleine Prinz.

„Ich bin ein Geograph", sagte der alte Mann.

„Was ist ein Geograph?"

„Ein Geograph ist eine Person, die weiß, wo alle Ozeane, Flüsse, Städte, Berge und Wüsten sich befinden."

„Das ist sehr interessant", sagte der kleine Prinz. „Endlich ein richtiger Beruf!" Und er schaute sich auf dem Planeten des Geographen um. Er hatte noch nie einen solch großen und hübschen Planeten gesehen.

„Dein Planet ist sehr hübsch. Gibt es viele Ozeane?"

„Ich weiß nicht", antwortete der Geograph.

„Oh. (Der kleine Prinz war enttäuscht) Gibt es Berge?"

„Ich weiß nicht", sagte der Geograph.

„Und Städte und Flüsse und Wüsten?"

„Das weiß ich auch nicht", sagte der Geograph.

„Aber du bist doch ein Geograph!"

„Das ist richtig", sagte der Geograph. „Aber ich bin kein Forscher. Es gibt keine Forscher hier. Es ist nicht die Aufgabe eines Geographen, nach Städten oder Flüssen oder nach Bergen oder Ozeanen oder Wüsten zu suchen. Ein Geograph ist zu wichtig, um das zu tun. Ein Geograph verlässt nie seinen Arbeitstisch. Aber ich spreche mit Forschern und schreibe auf, was sie gesehen haben. Und wenn ich interessiert bin an dem, was der Forscher mir erzählt, muss ich herausfinden, ob der Forscher ehrlich ist oder nicht."

■sich⁴ befinden 在る ■enttäuschen がっかりする ■Aufgabe (f) 課題 ■aufschreiben 書きつける

「この大きい本はなんですか？
ここで何をしているんですか？」
小さな王子さまがたずねた。

「わしは地理学者じゃ」
おじいさんは言った。

「地理学者って
なんですか？」

「海、川、町、山、砂漠のある場所をぜんぶ知っている人のことじゃよ」

「それはとても面白いですね」小さな王子さまは言った。「これこそ、本物
の仕事だ！」そして、地理学者の惑星を見回した。こんなに大きくて、美し
い惑星は見たことがなかった。

「とても美しい惑星ですね。海はたくさんあるんですか？」

「知らんよ」地理学者は答えた。

「えっ」（小さな王子さまはがっかりした）「山はあるんですか？」

「知らんね」地理学者は答えた。

「町や川や砂漠は？」

「それも、知らん」地理学者は答えた。

「でもあなたは地理学者でしょう！」

「その通り」地理学者は言った。「だが、わしは探検家ではない。この星に
は探検家はおらんのじゃ。町や川や山や海や砂漠を探すのは地理学者の仕事
じゃない。そんなことをするには偉すぎるのでな。地理学者は絶対に机を離
れん。だが探検家と話して、彼らの見てきたことを書き留める。そいつの話
が面白ければ、その探検家がちゃんとした人間かどうかを調べるのじゃ」

„Warum?"

„Ein Forscher, der Unwahrheiten verbreitet, würde große Probleme für geographische Bücher bringen. Ein Forscher, der zu viel trinkt, wäre so einer."

„Warum?"

„Weil Trunkenbolde doppelt sehen. Und ich würde dann zwei Berge aufschreiben, wo in Wirklichkeit nur einer ist."

„Ich kenne jemanden, der ein schlechter Forscher wäre", sagte der kleine Prinz.

„Das ist möglich. Und wenn ich dann weiß, dass der Forscher gut ist, muss ich seine Entdeckung studieren."

„Besuchst du dann diesen Ort?"

„Nein, das wäre zu schwer. Aber der Forscher muss mir nachweisen, dass seine Entdeckung wirklich vorhanden ist. Wenn der Forscher einen großen Berg entdeckt hat, verlange ich von ihm, dass er mir große Gesteinsproben vorlegt."

Der Geograph wurde plötzlich sehr aufgeregt. Er rief:

„Aber du kommst von weit her! Du scheinst mir ein Forscher zu sein. Du musst mir etwas über deinen Planeten erzählen!"

Der Geograph öffnete sein Buch und nahm einen Bleistift zur Hand. Er schrieb am Anfang immer mit einem Bleistift. Er wartete, bis der Forscher seine Entdeckung nachgewiesen hatte, bevor er seine Eintragung mit einem Füller machte.

■Unwahrheit (f) 虚偽　■doppelt 二重の　■in Wirklichkeit 本当は　■Entdeckung (f) 発見
■studieren 詳しく調べる　■nachweisen 証明する　■vorhanden 存在する　■Probe (f) 見本
■aufregen 興奮させる　■Eintragung (f) 書き込み

「なぜですか？」

「探検家がうそつきだと、地理学の本にとんでもない問題が起こるからじゃ。飲みすぎる探検家も同じじゃ」

「どうしてですか？」小さな王子さまはたずねた。

「のんべえには物事が二重に見えるからじゃ。そうすると、山が一つしかないところに、二つ書き込んでしまうことになる」

「わるい探検家になりそうな人を知ってますよ」小さな王子さまは言った。

「ありうる話だ。探検家がちゃんとした奴だとわかったら、そいつの発見したことを研究するのじゃ」

「その発見を見に行くんですか？」

「いいや。それは難しい。だが探検家は、自分の発見が本物だということをわしに証明しなければならん。大きな山を見つけたのなら、大きな岩石を持って来させるのじゃ」

地理学者は急に、興奮して叫んだ。

「きみは遠くから来たんじゃないか！　きみは探検家だ！　きみの惑星について話してくれ！」

地理学者は本を開き、鉛筆を取り出した。最初は、かならず鉛筆を使うのだ。探検家が自分の発見を証明するまで待って、それからペンで書くのだ。

„Nun!", sagte der Geograph.

„Oh, mein Zuhause ist nicht besonders interessant", sagte der kleine Prinz. „Es ist sehr klein. Ich habe drei Vulkane, zwei sind aktiv, und einer ruht. Aber man weiß nie!"

„Man weiß nie," sagte der Geograph.

„Ich habe auch eine Blume."

„Ich schreibe keine Blumen auf", sagte der Geograph.

„Warum nicht? Sie sind sehr hübsch."

„Weil Blumen vergänglich sind."

„Was bedeutet `vergänglich`?"

„Geographische Bücher sind die wichtigsten aller Bücher", sagte der Geograph. „Sie altern nie. Es ist äußerst selten, dass sich die Lage eines Berges ändert. Es ist sehr unwahrscheinlich, dass ein Ozean austrocknet. Geographen schreiben alles auf, was sich nicht ändert."

„Aber ein schlafender Vulkan kann wieder aktiv werden", sagte der kleine Prinz. „Was bedeutet `vergänglich`?"

„Es spielt keine Rolle für einen Geographen, ob ein Vulkan aktiv ist oder schläft. Für uns ist allein der Berg wichtig, weil er unvergänglich ist."

„Was aber bedeutet `vergänglich`?", fragte der kleine Prinz.

Er hörte nie auf, seine einmal gestellten Fragen zu wiederholen.

„Es bedeutet, etwas ist nicht auf ewig vorhanden."

„Meine Blume ist nicht auf ewig vorhanden?"

„Das ist richtig."

■vergänglich 移ろいやすい　■altern 老朽化する　■äußerst 非常な　■austrocknen 干上がる
■auf ewig 永遠に

「さて？」地理学者は言った。

「ああ、ぼくの住んでいる星はあまり面白くありませんよ」小さな王子さまは言った。「とても小さいんです。火山が三つあります。二つは活火山で、もう一つは眠っています。でもわかりませんけどね」

「わからんぞ」地理学者は言った。

「花もあります」

「わしは花については書かん」地理学者は言った。

「どうしてですか？ あんなにきれいなのに！」

「花は、はかないからじゃ」

「『はかない』って、どういうことですか？」

「地理学の本は、全ての本の中で一番重要な本じゃ」地理学者は言った。「古くなるということがない。山が動いたりするのは非常にまれじゃからな。海が乾くのも非常にまれじゃ。地理学者は絶対に変わらないもののことしか書かないのじゃよ」

「でも休火山が目を覚ますこともありますよ」小さな王子さまは言った。「『はかない』ってどうことですか？」

「火山が休んでいようが活動していようが、地理学者には関係ない。我々にとって大事なのは山なのじゃ。山は不変じゃ」

「でも、『はかない』って何ですか？」小さな王子さまはせがんだ。一度たずね始めた質問は、絶対にやめないのだ。

「『長続きしないもの』のことじゃ」

「ぼくの花は長続きしないの？」

「そのとおり」

„Meine Blume ist vergänglich", sagte der kleine Prinz zu sich selbst. „Sie hat nur vier Dornen, um sich gegen die Welt zu schützen! Und ich habe sie sich selbst überlassen."

Plötzlich wünschte er sich, er hätte sie nicht verlassen. Aber er versuchte, mutig zu sein: „Welchen Planeten sollte ich besuchen", fragte er den Geographen.

„Den Planeten Erde", antwortete der Geograph. „Es soll ein feiner Planet sein."

Und der kleine Prinz verließ den Planeten, und er dachte an seine Blume.

 # Kapitel XVI

Und so kam es, dass der siebente Planet, den der kleine Prinz besuchte, die Erde war.

Der Planet Erde ist ein ziemlich interessanter Planet. Es gibt dort einhundertundelf Könige, siebentausend Geographen, neunhunderttausend Geschäftsleute, sieben und eine halbe Million Trunkenbolde, und dreihundertelf Millionen eitle Leute. Insgesamt gibt es dort ungefähr zwei Milliarden Erwachsene.

■j⁴ sich³ selbst überlassen 〜を放任する ■mutig 勇気のある ■fein 良質の ■ziemlich かなり

「ぼくの花は、はかないのか」小さな王子さまは心の中で思った。「ぼくの花は世界中の危険から自分を守るのに、4つのトゲしか持っていないんだ！それなのにぼくは、花をひとりぼっちにした」

突然、小さな王子さまは星を出なければよかったと後悔した。でも勇気をふるい起こした。「どの惑星を訪ねたらいいですか？」小さな王子さまは地理学者にたずねた。

「地球じゃ」地理学者は答えた。「見事な惑星だということになっておる」

小さな王子さまは出発した。花のことを思いながら。

第16章

そんなわけで、小さな王子さまが訪ねた7つ目の惑星は地球だった。

地球はなかなか面白いところだった！　王さまが111人、地理学者が7000人、実業家が90万人、のんべえが750万人、うぬぼれ屋が3億1100万人いたのだ。ぜんたいで、おとなが20億人くらいいた。

Damit du dir die Größe der Erde vorstellen kannst, möchte ich dir erzählen, dass es in der Zeit vor der Einführung der Elektrizität vierhundertundzweiundsechzigtausend, fünfhundertundelf Lampenwärter gab.

Vom Himmel her gesehen, gaben diese Lampen ein schönes Bild der Erde wieder.

Diese Lampenwärter arbeiteten zusammen wie Tänzer auf einer großen Bühne. Den Anfang machten die Lampenwärter in Neuseeland und Australien, bevor sie ins Bett gingen. Die Lampenwärter in China und Sibirien folgten. Dann waren die Lampenwärter in Russland und Indien an der Reihe. Dann diejenigen aus Afrika und Europa. Dann die Lampenwärter aus Südamerika und zum Schluss die aus Nordamerika. Und all diese Lampenwärter zündeten ihre Laternen niemals in falscher Reihenfolge an. Ihr Tanz war perfekt. Es war hübsch anzusehen.

Die Lampenwärter mit der einfachsten Aufgabe waren die Lampenwärter am Nordpol und am Südpol: Sie arbeiteten nur zweimal im Jahr.

■Einführung (f) 導入　■gaben...wieder>wiedergeben 再現する　■ging>gehen 行く　■an der Reihe sein 順番である　■zünden 点火する

　地球の大きさをわかってもらうために、電気が発明される前には、46万2511人の点灯夫がいたということをお話ししておこう。

　空のかなたから眺めると、その灯りのおかげで、地球は美しい絵のようだった。

　点灯夫たちは、大舞台の踊り子たちのように連携して働いた。まず、ニュージーランドとオーストラリアの点灯夫が寝る前に街灯を灯す。次は中国とシベリア、それからロシアとインドの点灯夫。その後アフリカとヨーロッパ、南アメリカと続いて、最後に北アメリカの番だ。点灯夫が順番を間違えて火を灯すことは決してない。彼らの踊りは完ぺきで、見ていてとても美しいものだった。

　一番楽な仕事をしているのは、北極と南極の点灯夫だ。年に2回しか働かない。

覚えておきたいドイツ語表現

> Ein Tag hier auf deinem Planeten dauert gerade mal eine Minute!
> （p.108, 下から7–6行目）
> きみの惑星の1日はたった1分なんだね！

【解説】「〜しかない／かろうじて〜あるだけ」というニュアンスを出したい時に使う表現です。点灯夫のいる惑星の1日が、24時間ではなく「たったの」1分であることに驚いている王子さまの様子が伝わりますね。

【例文】

① Es gab gerade mal Platz genug für eine Straßenlaterne und einen Lampenwärter. （p.104, 下から6–5行目）
街灯と点灯夫がおさまるだけのスペースしかなかったのだ。

② Er hatte gerade mal 5 Euro.
彼の所持金は、かろうじて5ユーロだった。

> Dein Planet ist so klein, dass man in drei Schritten um ihn herumgehen kann. （p.110, 11–12行目）
> きみの惑星は小さいから、3歩で一周できる。

【解説】herum という副詞は「周りに／あちこち」という意味を持ち、さまざまな動詞の前につきます。上記の例では、herum + gehen = herumgehen（ぐるりと回る）となります。このような副詞は他にもたくさんあります。herab（下方へ）、herein（こちらの中へ）、herüber（越えてこちらへ）、hervor（中から外へ）など。herum は、方向性に加えて「無為」という意味を持つこともあり、この場合「だらだらと〜する」となります。

【例文】

① Ich habe keine Zeit, herumzusitzen und zu träumen. （p.98, 下から5–4行目）
だらだらと夢を見ている暇はないんだ！

② Während der Präsentation stand er nur herum.
彼は発表のあいだ、ただ突っ立っていた。

Er ist jedoch der einzige, der keinen dummen Eindruck auf mich macht. (p.112, 3-4行目)
でもぼくには、ばかげて見えないのはあの人だけだ。

【解説】点灯夫に対する星の王子さまの印象を語っている場面です。einen guten/schlechten Eindruck machen で「～に良い／悪い印象を残す」という意味になります。ここではkeinen dummen Eindruckと言っていますね。machenの代わりにhinterlassen（あとに残す）を用いることもよくあります。

【例文】
① Er hat beim ersten Spiel einen guten Eindruck gemacht.
彼は、最初の試合でよい印象を残した。

② Sie hat im Vorstellungsgespräch einen schlechten Eindruck hinterlassen.
彼女は、面接で悪い印象を残した。

Ein Geograph ist eine Person, die weiß, wo alle Ozeane, Flüsse, Städte, Berge und Wüsten sich befinden. (p.114, 5-6行目)
海、川、町、山、砂漠のある場所をぜんぶ知っている人のことじゃよ。

【解説】「在る、居る」という意味のsich⁴ befindenはes gibtよりも少しかしこまった印象を受ける表現です。シチュエーションに応じて表現や語彙を変えられるよう、多くの"ストック"を持つことも、語学学習において大切です。

【例文】
① Wo befindet sich der Raum für den heutigen Vortrag?
今日の講演が行われる部屋はどこにありますか？

② Ich befinde mich in einer schwierigen Situation.
私は今、難しい状況にある。

Sie hat nur vier Dornen, um sich gegen die Welt zu schützen!
(p.120, 2行目)
ぼくの花は世界中の危険から自分を守るのに、4つのトゲしか持っていないんだ！

【解説】um 〜 zu 不定詞「〜するために」はよく使う構文で、このお話にも頻出しますので、ぜひ自分のものにしましょう。zu 不定詞には um を伴わないものもあります。

【例文】

① Ich habe nicht genug Zeit, um Sport zu machen. （p.98, 6–7行目）
運動が足りないんでな。（直訳：スポーツをするための充分な時間がない。）

② Ein Geograph ist zu wichtig, um das zu tun. （p.114, 下から5–4行目）
（地理学者は）そんなことをするには偉すぎるのでな。

③ Um ihn zu beruhigen, habe ich ihm eine Tasse Tee gegeben.
彼を落ち着かせるために、お茶をあげた。

Es soll ein feiner Planet sein. （p.120, 7–8行目）
見事な惑星だということになっておる。

【解説】ここでは fein の他に、schön, wunderbar, eindrucksvoll などの形容詞も考えられますが、fein が用いられていることに注目したいですね。「素晴らしい、よい」だけでなく、「洗練された、優雅な」というニュアンスも持ちます。

【例文】

Das hast du fein gemacht! 　上手に／きっちりできたね！

Und so kam es, dass der siebente Planet, den der kleine Prinz besuchte, die Erde war. （p.120, 下から7–6行目）
そんなわけで、小さな王子さまが訪ねた７つ目の惑星は地球だった。

【解説】so kam es は「そんなふうにして〜となった」という、物語や小説でよく使われる表現です。Es war einmal... 「昔むかし、あるところに……」もそうした表現の一つですね。

【例文】

① So kam es, dass wir uns kennenlernten.
こうして私たちは知り合った。

② So kam es, dass ich ein grosser Fan von Saint-Exupéry wurde.
こうして、私はサン＝テグジュペリの大ファンになった。

Teil 5

------------ ✳ ------------

Kapitel 17-20

Kapitel XVII

Wenn ich lustig sein möchte, erzähle ich mir manchmal eine kleine Lüge. Ich bin nicht ganz ehrlich gewesen in dem, was ich über die Lampenwärter geschrieben habe. Ich laufe Gefahr, dass ich Leute, die unseren Planeten nicht kennen, durcheinanderbringe. Es ist eine Tatsache, dass alle Leute zusammen auf der Erde nur wenig Platz benötigen. Wenn die zwei Milliarden Menschen, die dort leben, sich alle auf einen Platz begeben würden, würde eine Fläche von einunddreißig mal einunddreißig Kilometern genügen. Alle Erdlinge würden Platz finden auf einer kleinen Insel im Stillen Ozean.

Natürlich glauben Erwachsene das nicht. Sie möchten glauben, dass sie groß und wichtig sind, wie Affenbrotbäume. Aber wir wollen nicht unsere Zeit vergeuden mit diesen Leuten. Es gibt keinen Grund dafür. Du kannst mir glauben.

Als der kleine Prinz endlich die Erde erreichte, war er sehr überrascht, dass er alleine war. Er sah niemanden. Er machte sich Sorgen, dass er auf dem falschen Planeten angekommen sein könnte. Dann sah er etwas Goldenes sich im Sand bewegen.

„Guten Abend", sagte der kleine Prinz.

„Guten Abend", sagte die Schlange.

■Gefahr laufen 危険を冒す　■durcheinanderbringen 混乱させる　■Tatsache (f) 事実
■sich⁴ begeben 赴く　■genügen 満足させる　■Stiller Ozean (m) 太平洋

第17章

　ぼくは面白おかしくしたいと思うと、つい、ちいさなウソをついてしまうことがある。点灯夫の話をしていたときも、本当のことだけを話したわけではない。そのため、ぼくたちの惑星のことをよく知らない人たちを混乱させてしまう危険性がある。実際、人が地球の上で占める面積はごくわずかだ。もし地上に住む20億人が全員、一つの場所にかたまって立ったら、縦に31キロ、横に31キロのスペースに余裕で入ってしまうだろう。地球に住む人全員が、太平洋の小島一つに楽に収まってしまうのだ。

　もちろん、おとなはこの話を信じようとしない。たくさんの場所を占領していると思いたいのだ。自分たちが、バオバブのように大きくて重要だと思っているのだ。でも彼らに気をつかって時間を無駄にするのはやめよう。そうする理由がないのだ。みんなはぼくの言うことを信じてくれるのだから。
　小さな王子さまは地球に着いたとき、ひとりぼっちだったのでとてもびっくりした。人っ子ひとり、見かけないのだ。来る惑星を間違えたのではないかと心配になった。ちょうどその時、砂の中で金色のものが動くのが見えた。

　「こんばんは」小さな王子さまは言った。
　「こんばんは」ヘビが答えた。

„Welcher Planet ist das hier?", fragte der kleine Prinz.

„Du bist auf der Erde, in Afrika", sagte die Schlange.

„Oh! Und niemand wohnt auf der Erde?"

„Dies ist die Wüste. Keiner wohnt in der Wüste. Die Erde ist sehr groß", antwortete die Schlange.

Der kleine Prinz setzte sich auf einen Stein. Er schaute nach oben in den Himmel.

„Ich frage mich, ob die Sterne so stark leuchten, dass jeder seinen eigenen herausfinden kann", sagte er. „Schau, mein Planet. Er ist gerade über uns... Aber wie weit er ist!"

„Er ist hübsch", sagte die Schlange. „Warum bist du dann hierhergekommen?"

„Ich hatte Probleme mit einer Blume", sagte der kleine Prinz.

„Ach", sagte die Schlange.

Keiner sagte etwas.

„Wo sind die Leute", fragte schließlich der kleine Prinz. „Ich fühle mich einsam in der Wüste..."

„Man ist auch unter den Leuten einsam", sagte die Schlange.

Der kleine Prinz schaute die Schlange lange an.

„Du bist ein merkwürdig aussehendes Tier", sagte er zur Schlange.

„Du bist lang und dünn wie ein Finger..."

■herausfinden 見つけ出す　■schließlich 最後には

「この惑星はどういうところ？」小さな王子さまがたずねた。

「地球の、アフリカにいるんだよ」ヘビが言った。

「えっ。じゃあ地球にはだれも住んでないの？」

「ここは砂漠なんだ。砂漠にはだれも住まないのさ。地球はとても大きいからな」ヘビが答えた。

　小さな王子さまは石に腰を下ろした。空を見上げて、

「星は、だれもがいつか自分の星を見つけられるように、光ってるのかなあ？」と言った。「ぼくの星を見て。ちょうど、ぼくらの真上だ……。でも何て遠いんだろう！」

「きれいだな」ヘビは言った。「なんでまた、ここに来たんだい？」

「花とうまくいかなくなっちゃったんだ」小さな王子さまは言った。

「ああ」ヘビが言った。

　どちらもそれ以上、何も言わなかった。

「人はどこにいるの？」しばらくして小さな王子さまがたずねた。「砂漠にいると寂しいよ……」

「人の中にいても寂しいさ」ヘビは言った。

　小さな王子さまは、ヘビを長い間見つめた。

「きみは変わった格好の生き物だなあ」小さな王子さまはヘビに言った。「指みたいに長くて細い……」

„Aber ich habe mehr Kraft als der Finger eines Königs", sagte die Schlange.

Der kleine Prinz schmunzelte.

„Wie kannst du stärker sein... Du hast noch nicht einmal Füße, du kannst dich nur schwer vorwärts bewegen."

„Ich kann dich sehr weit mitnehmen", sagte die Schlange und ringelte sich um den Fußknöchel des kleinen Prinzen wie eine goldene Kette.

„Ich schicke jeden, den ich einmal berühre, zurück in den Boden, dort wo sie herkamen", sagte die Schlange. „Aber du bist rein. Du kommst von einem Stern..."

Der kleine Prinz sagte nichts.

„Du tust mir leid. Du bist so schwach und allein auf der Erde. Eines Tages könnte ich dir helfen, wenn du deinen Planeten zu sehr vermisst. Ich kann..."

„Oh, Ich verstehe", sagte der kleine Prinz. „Aber warum redest du immer in Rätseln?"

„Ich beantworte alle Rätsel", sagte die Schlange. Und beide sprachen nicht weiter.

■vorwärts 前方へ　■sich⁴ ringeln 巻きつく　■Fußknöchel (m) くるぶし
■herkamen>herkommen ～から来る　■Rätsel (n) 謎

「だがおれは王さまの指よりもずっと力があるんだぜ」ヘビが言った。

小さな王子さまは微笑んだ。

「どうやってそんな力が持てるの……、足さえないじゃないか……動くのだって大変だろう」

「きみをうんと遠くへ連れて行くことができるぜ」ヘビはそう言って、金色のブレスレットのように、小さな王子さまの足首に巻きついた。

「おれは、触れるものはだれでも、もとの土へと送り返すのさ」ヘビは言った。「だがあんたは純粋だ。星から来たんだ……」

小さな王子さまは何も言わなかった。

「あんたが可哀想だ。この地球で、こんなに弱くて、ひとりぼっちで。いつか自分の惑星が恋しくて仕方なくなったら、助けてやれるかもしれないぜ。おれにはできるんだ……」

「そうか！　わかったよ」小さな王子さまは言った。「でもきみはどうして謎めいたことばかり言うの？」

「おれはすべての謎を解くのさ」そうして二人とも、黙りこんだ。

Kapitel XVIII

Der kleine Prinz durchquerte die Wüste. Er traf niemanden außer einer Blume.

Man konnte sie kaum eine Blume nennen – sie hatte gerade mal drei Blütenblätter.

„Hallo", sagte der kleine Prinz.

„Hallo", sagte die Blume.

„Hast du irgendwelche Leute gesehen", fragte der kleine Prinz.

Die Blume hatte einmal Reisende vorbeiziehen sehen.

„Leute? Ich habe mal welche gesehen, ich glaube, es waren sechs oder sieben. Das war vor einigen Jahren. Aber ich weiß nicht, wo sie sind. Der Wind weht sie hier- oder dorthin. Sie haben keine Wurzeln. Es muss sehr schwer für sie sein."

„Auf Wiedersehen", sagte der kleine Prinz.

„Auf Wiedersehen", sagte die Blume.

第18章

　小さな王子さまは、砂漠を横切った。一本の花以外、だれにも会わなかった。
それも、花びらが３枚しかない、もうしわけ程度の花だった。

　「こんにちは」小さな王子さまは言った。
　「こんにちは」花が言った。
　「人を見たかい？」小さな王子さまがたずねた。
　花は、一度、旅人たちが通り過ぎるのを見かけたことがあった。
　「人？　何人か見かけたわ。確か６人か７人だった。何年も前よ。でも今どこにいるのかは知らないわ。旅人たちは風に吹かれて、あっちへ行ったり、こっちへ行ったりするのよ。彼らには根がないからなの。それって、大変に違いないわね」
　「さようなら」小さな王子さまは言った。
　「さようなら」花も言った。

Kapitel XIX

Der kleine Prinz bestieg einen hohen Berg. Die einzigen Berge, die er bisher kennen gelernt hatte, waren seine drei Vulkane, die ihm bis zu den Knien reichten.

Er hatte den schlafenden Vulkan als Stuhl benutzt.

„Ich sollte wohl in der Lage sein, den ganzen Planeten und alle Leute von diesem hohen Berg aus zu sehen", sagte er zu sich selbst. Aber alles, was er sah, waren Felsbrocken und andere Berge.

„Hallo!", schrie er.

„Hallo... Hallo... Hallo..." antwortete das Echo.

„Wer bist du?", fragte der kleine Prinz.

„Wer bist du... wer bist du... wer bist du...", antwortete das Echo.

■bestieg>besteigen 登る　■wohl おそらく　■Felsbrock (m) 岩塊

第 19 章

　小さな王子さまは高い山に登った。今まで知っていた山は、王子さまの星にある三つの火山だけで、膝までの高ささしかなかった。休火山を椅子代わりに使ったものだった。

　「こんな高い山からなら、地球全体と、住んでいる人みんなが見えるに違いない」小さな王子さまはつぶやいた。でも見えたのは、いくつもの岩とほかの山々だけだった。

　「こんにちは」呼んでみた。

　「こんにちは……こんにちは……こんにちは……」山びこが答えた。

　「きみはだれだい？」小さな王子さまがたずねた。

　「きみはだれだい……きみはだれだい……きみはだれだい……」山びこが答える。

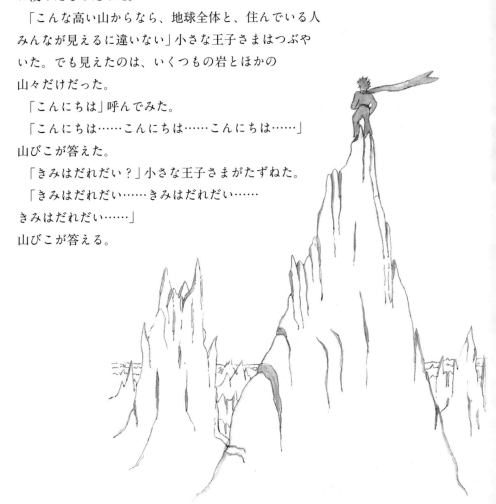

„Sei mein Freund, ich bin allein", sagte der kleine Prinz.

„Ich bin allein... ich bin allein... ich bin allein..." antwortete das Echo.

„Was für ein merkwürdiger Planet", dachte der kleine Prinz. „Er ist trocken und hat viele Berge. Und die Leute hier sind nicht sehr interessant. Sie wiederholen alles, was man sagt. Zuhause hatte ich eine Blume. Sie hat mich immer zuerst angesprochen..."

 # Kapitel XX

Nachdem viel Zeit vergangen war, fand der kleine Prinz eine Straße. Und Straßen führen zur Welt der Leute.

„Hallo", sagte der kleine Prinz. Er war in einem Rosengarten.

„Hallo", sagten die Rosen.

「友達になってよ。ぼくはひとりぼっちなんだ」小さな王子さまが言った。
「ひとりぼっちなんだ……ひとりぼっちなんだ……ひとりぼっちなんだ……」
山びこが答えた。
「何てへんてこな惑星なんだ」小さな王子さまは思った。「乾いていて、山
ばっかりだ。それにここの人たちはあまり面白くないな。こちらの言ったこ
とを何でも繰り返すんだもの。ぼくのところには花がいた。いつも先に話し
かけてくれる花が……」

第20章

　長いことしてから、小さな王子さまは一本の道を見つけた。道というもの
は、すべての人たちのところにつながっている。
「こんにちは」小さな王子さまは言った。バラ園に来ていたのだ。
「こんにちは」バラの花たちも言った。

■sei>sein（命令形）　■ansprechen 話しかける　■fand>finden 見つける

Der kleine Prinz schaute sie sich an. Sie waren wie seine Blume.

„Wer seid ihr?", fragte er erstaunt.

„Wir sind Rosen", sagten die Rosen.

„Oh", sagte der kleine Prinz.

Und er fühlte sich traurig. Seine Blume hatte ihm erzählt, dass sie einmalig sei, die einzige ihrer Art im ganzen Universum. Und hier waren fünftausend Blumen, die genauso aussahen wie seine Blume, in einem einzigen Garten!

„Wenn meine Blume das sehen würde, wäre sie sehr unglücklich", sagte er zu sich. „Sie würde husten und so tun, als ob sie sterben würde, um zu vermeiden, dass sie ausgelacht wird. Und ich müsste so tun, als ob ich ihr glaube. Falls nicht, würde sie vielleicht wirklich sterben wollen..."

Dann sagte er zu sich: „Ich dachte, ich wäre reich. Ich dachte, ich hätte eine besondere Blume; aber in Wirklichkeit ist sie eine ganz gewöhnliche Rose. Was meine drei Vulkane angeht, so sind sie sehr klein, und einer davon ruht. Ich bin wohl kein wirklicher Prinz..." Und er weinte und weinte.

★

■sei>sein（接続法第Ⅰ式）　■gewöhnlich 平凡な　■was...angeht ～に関していえば
■ruht>ruhen 休む

小さな王子さまは、じっと見つめた。自分の花とそっくりだ。
「きみたち、だれ？」ショックを受けて、小さな王子さまは聞いた。
「私たち、バラよ」とバラたちは言った。
「ええっ！」小さな王子さまは言った。
　悲しみで胸をしめつけられた。王子さまの花は、自分はかけがえのない、世界で一つしかない花だと言っていた。それがここでは、似たような花がたった一つの庭に5000本も咲いているのだ！

　「ぼくの花がこれを見たら、とても機嫌をわるくするだろうな」小さな王子さまは心の中で思った。「笑われないように咳をして、死にかけているふりをするだろうな。そしてぼくは、花を信じているふりをしなければ。さもないと、本当に死んでしまいかねないからね……」

　それから独り言を言った。「ぼくは恵まれてると思ってた。特別な花を持ってると思ってたけど、実際にはありきたりのバラでしかなかったんだ。三つの火山だって、とても小さくて、一つは眠ってる。これじゃあ、王子さまなんかじゃないよ……」そして泣いて、泣いて、泣きとおした。

覚えておきたいドイツ語表現

> Du hast noch nicht einmal Füße...... (p.132, 4行目)
> 足さえないじゃないか……

【解説】王子さまがヘビに対して言った言葉です。nicht einmal で「〜すらない」という
ニュアンスを出すことができます。

【例文】
① Sie kann noch nicht einmal sitzen. Wie kann sie dann Klavier spielen?
  彼女は、まだ座ることすらできないのに、どうやってピアノを弾くの？

② Ich weiß nicht einmal, was ich will.　自分が何を欲しいのかすらわからない。

> Du kannst dich nur schwer vorwärts bewegen. (p.132, 4–5行目)
> 動くのだって大変だろう。

【解説】「何かを行うことが難しい」という意味の表現です。können（可能である）と言い
ながら nur schwer を加えることで、結果的には「困難である」ことを表しています。

【例文】
① Japaner können Umlaute nur schwer aussprechen.
  日本人にはウムラウトの発音が難しい。

② Ich kann dich nur schwer verstehen.
  君を理解するのはとても難しい。

> Er hatte den schlafenden Vulkan als Stuhl benutzt. (p.136, 4行目)
> 休火山を椅子代わりに使ったものだった。

【解説】不定詞 + -d で、動詞の意味を保ちながら形容詞の働きをします。「〜しつつある
／〜する」の意味で、上記の例では「休んでいる火山」となります。形容詞の語尾変化に
も注意しましょう。

【例文】
① Du bist ein merkwürdig aussehendes Tier. (p.130, 下から2行目)
  きみは変わった格好の生き物だなあ。

② Der Mensch ist ein denkendes Schilfrohr.　　　人間は考える葦である。

Ich dachte, ich wäre reich. Ich dachte, ich hätte eine besondere
Blume... (p.140, 下から5–4行目)
ぼくは恵まれてると思ってた。特別な花を持ってると思ってたけど……

【解説】この世にたった一つという花を持っているつもりだったのに、そうではなかったことを知った王子さまが泣きながら言った言葉です。「～と思ってた…でも違う」という現実には起こっていないことを表現するときに使うのが、接続法第Ⅱ式です。Ich bin reich. が現実のこと、Ich wäre reich. が非現実のことです。同様に、Ich habe eine besondere Blume. が現実のことで、Ich hätte ... が非現実のことです。この後に、aber in Wirklichkeit ist sie eine ganz gewöhliche Rose. と言っていることからも、ここは非現実の内容を述べていることがわかります。接続法第Ⅱ式には、他にも多くの形があります。

【例文】

① Er wäre traurig, wenn du nicht kommen würdest.
君が来ないなら、彼は悲しむだろう。

② Ich dachte, ich hätte noch Zeit zum Überlegen.
私にはまだ考える時間があると思っていたのに。

Was meine drei Vulkane angeht, so sind sie sehr klein......
（p.140, 下から3行目）
3つの火山だって、とても小さくて……

【解説】was j⁴/et⁴ angeht で「～に関して言えば」という意味になります。ここでも gehen を使っていますね。es geht um~（～が問題だ）という要点を簡潔に表わす言い方とも似ています。

【例文】

① Was das angeht, muss ich mit Ihnen noch mal sprechen.
そのことについては、もう一度あなたと話す必要がある。

② Was mich angeht, ist eine Reise im Winter nach Italien keine gute Idee.
私としては、冬のイタリア旅行はよいアイデアとは思えない。

「星の王子さま」を聞こう、見よう、演奏しよう

　ドイツ語圏ではオーディオ・ブック（Hörbuch）が普及しています。物語を「聞く」習慣があるのです。「星の王子さま」の朗読CDもいくつか出ています。その多くは、演劇俳優の声によるもので、例えば1999年に刊行されたUlrich Mühe（1953–2007）の朗読によるものや、2015年に刊行されたStefan Kaminski（1974–）によるものなどがあります。朗読CDの楽しみ方の一つに、私たちが知らず知らずのうちにイメージしている登場人物の声と、朗読されている声を比較してみる、ということがあります。皆さんが心の中に描いている「ぼく」や「星の王子さま」の声は、どのようなものでしょうか。

　朗読CDを聞くことで、もちろんリスニング力をアップさせることもできます。人間は、「聞き取ることのできる文章は発話することもできるし、発話することができる文章は、聞き取ることもできる」とも言われています。本書の付属CDも大いに活用してください。

　「星の王子さま」はテレビのアニメ番組にもなりました。フランスとドイツが共同で制作したテレビ・シリーズは、2010年から2016年にかけて放映されました（ドイツでの放送は2011–2012年）。ストーリーは、オリジナル「星の王子さま」の続編とも言えるもの。原書が終わるところから、このアニメはスタートします。「この物語をそのまま映像化するのは、身の程知らずだ」と考えた製作者が、登場人物はそのままで、原書とは異なるストーリーを展開しています。

　さらに、2016年にはミュージカル版（ドイツ語）の楽譜が発売されました。ピアノあるいはオーケストラ伴奏のもと、コーラスやソロの声でストーリーを語って演奏していくというものです。

　五感を使う——まさに語学学習に欠かせないアプローチですね！

Teil 6

——— ✳ ———

Kapitel 21-24

Kapitel XXI

Genau zu dieser Zeit erschien ein Fuchs.

„Hallo", sagte der Fuchs.

„Hallo", antwortete der kleine Prinz. Er sah niemanden, obwohl er sich umdrehte.

„Ich bin hier", sagte eine Stimme unter dem Apfelbaum.

„Wer bist du?" fragte der kleine Prinz. „Du bist sehr hübsch."

„Ich bin ein Fuchs", sagte der Fuchs.

„Bitte spiel mit mir", sagte der kleine Prinz. „Ich bin so traurig."

„Ich kann nicht mit dir spielen", antwortete der Fuchs. „Ich bin nicht zahm."

„Oh, Entschuldigung", sagte der kleine Prinz. Er dachte einen Moment nach, dann fügte er noch hinzu: „Was bedeutet `zahm`?"

„Du kommst nicht von hier", sagte der Fuchs. „Was machst du hier?"

■sich⁴ umdrehen 向きを変える　■zahm 人に馴れた

第21章

　ちょうどその時、キツネが現れた。
　「こんにちは」キツネは言った。
　「こんにちは」小さな王子さまは答えた。振り向いたのだが、だれも目に入らなかった。
　「ここだよ」りんごの木の下から声がした。
　「きみはだれだい？」小さな王子さまは言った。「きれいだね、きみ」
　「ぼくはキツネだよ」キツネは言った。
　「おいで。ぼくと遊ぼう」小さな王子さまは言った。「ぼく、とても悲しいんだ」
　「きみとは遊べないよ」キツネは答えた。「なついてないから」
　「ああ！　ごめんね」小さな王子さまは言った。少し考えてから、付け足した。「『なつく』って、どういうこと？」
　「きみ、ここの人じゃないんだね」キツネは言った。「ここで何してるの？」

„Ich suche Leute", sagte der kleine Prinz. „Was bedeutet `zahm`?"

„Leute haben Schusswaffen. Sie gehen jagen", sagte der Fuchs. „Es ist sehr unangenehm. Sie züchten auch Hühner. Das ist alles, was sie machen. Suchst du auch Hühner?"

„Nein", sagte der kleine Prinz. „Ich suche Freunde. Was bedeutet `zahm`?"

„Es bedeutet etwas, was die meisten Leute vergessen haben", sagte der Fuchs. „Zähmen bedeutet, einen Knoten oder eine Beziehung zu jemandem herzustellen. Jetzt gerade, für mich, bist du ein kleiner Junge, so wie viele andere kleine Jungen auch. Ich brauche dich nicht. Und du brauchst mich auch nicht. Für dich bin ich ein Fuchs, gerade so wie andere tausende von Füchsen. Aber wenn du mich zähmst, brauchen wir uns gegenseitig. Was mich anbetrifft, so bist du einmalig. Du bist anders im Vergleich zu den anderen in der Welt. Und ich bin einmalig für dich."

„Ich glaube, dass ich das langsam verstehe", sagte der kleine Prinz. „Es gab da mal eine Blume. Ich glaube, sie hat mich gezähmt...."

„Das ist möglich", sagte der Fuchs. „Viele Dinge sind möglich auf der Erde."

„Oh! Das war nicht auf der Erde", sagte der kleine Prinz. Der Fuchs schaute ihn interessiert an.

„War das auf einem anderen Planeten?"

„Ja."

„Sind da Jäger auf dem Planeten?"

„Nein."

„Wie interessant! Gibt es dort Hühner?"

■Schusswaffe (*f*) 銃器 ■züchten 飼育する ■zähmen 飼いならす ■Knoten (*m*) 結び目 ■herstellen 確立する ■was j⁴ anbetrifft ～に関して言えば ■einmalig 比類のない

「人間たちを探しているんだよ」小さな王子さまは言った。「『なつく』って、どういうこと？」

「人間は銃を持ってる。狩りをするんだ」キツネは言った。「まったく迷惑だよ。それからニワトリも育てるんだ。人間がするのはそれだけさ。きみ、ニワトリを探してるのかい？」

「ううん」小さな王子さまは言った。「ぼくは友達を探してるんだ。『なつく』ってなんのこと？」

「あまりにも忘れられてしまったことさ」キツネは言った。「『なつく』って、『つながりやきずなをつくる』ことだよ。今、きみはぼくにとって他の何千もの子と同じ、ただの男の子でしかない。ぼくはきみを必要としないし、きみもぼくを必要としない。きみにとってぼくは他の何千というキツネと同じ、代わり映えしないただのキツネだ。でもきみにぼくがなついたら、ぼくたちはお互いが必要になるんだ。ぼくにとってきみはかけがえのない、たったひとりの存在になる。きみは世界中の他のだれとも違う存在になる。そしてぼくはきみにとってかけがえのないものになるんだ……」

「ぼく、わかりかけてきたような気がするよ」小さな王子さまは言った。「昔、花がいて……その花がぼくをとりこにしたと思ったんだ……」

「ありうることだな」キツネは言った。「地球ではいろんなことが可能なんだ」

「ああ！ 地球で起きたんじゃないよ」小さな王子さまは言った。キツネは面白そうに王子さまをながめた。

「違う惑星で起きたのかい？」

「そうだよ」

「その惑星には猟師がいるかい？」

「いいや」

「面白いなあ！ ニワトリはいるかい？」

„Nein."

„Nichts ist perfekt," seufzte der Fuchs.

Er begann weiterzusprechen. „Mein Leben ist immer gleich. Ich jage Hühner, und Leute jagen mich. Alle Hühner scheinen sich zu gleichen, und so ist es mit allen Leuten.

Ich langweile mich daher ziemlich. Aber wenn du mich zähmen würdest, würde mein Leben wieder mit Sonnenschein gefüllt werden. Ich laufe und verstecke mich, wenn ich die Schritte anderer Leute höre. Aber wenn ich deine Schritte höre, wird das wie Musik in meinen Ohren klingen. Und ich werde kommen und dich begrüßen. Und schau mal! Siehst du das Feld mit Weizen dort? Weil ich kein Brot esse, ist Weizen nicht so wichtig für mich. Weizen lässt mich nicht an andere Dinge denken. Und das ist traurig.

Aber du hast goldenes Haar. Es wäre sehr schön, wenn du mich zähmen würdest. Der goldene Weizen lässt mich an dich denken. Und ich werde dem Geräusch des Windes lauschen, der durch die Weizenfelder weht..."

Dann war der Fuchs ruhig. Er schaute den kleinen Prinzen eine ganze Weile an.

Schließlich sagte er: „Bitte ... zähme mich!"

„Ich möchte wohl sehr gerne", antwortete der kleine Prinz. „Aber ich habe nicht viel Zeit. Ich muss mir Freunde schaffen und muss noch viele Dinge lernen."

„Wir werden nur wirklich die Dinge schätzen, die wir gezähmt haben", sagte der Fuchs.

■gleichen 同様である　■Schritt (m) 足音　■Weizen (m) 小麦　■lauschen 耳を傾ける
■schaffen 生み出す　■schätzen 高く評価する

「いいや」

「完ぺきなものはないんだな」キ
ツネはため息をついた。

キツネはまた話し始めた。「ぼくの
生活は単調さ。ぼくはニワトリを狩
る、人はぼくを狩る。ニワトリはど
れも同じに見えるし、人も同じに見
える。だから、退屈するんだな。で
も、もしきみがぼくをなつかせてく

れたら、ぼくの人生はお日さまでいっぱいになるよ。ほかの人間の足音が聞
こえたら、ぼくは走って隠れるさ。でもきみの足音なら、音楽みたいに聞
こえるよ。ぼくは出てきてきみに挨拶する。ほら、ごらんよ！ 向こうに麦
畑が見えるだろう？ ぼくはパンを食べないから、麦なんてどうでもいいん
だ。麦を見ても、何も思わない。それって悲しいことだよ。でもきみの髪は
金色だ。そのきみが、ぼくの心を開いてなつかせてくれたら、すてきだろう
なあ！ 金色の麦を見たら、ぼくはきみのことを思うよ。そして、麦のあい
だに揺れる風の音に聞きほれるんだ……」

キツネはふと黙ると、長いこと小さな王子さまを見つめた。

ついにキツネは言った。「頼むよ……ぼくをなつかせて！」

「ぼくもとってもそうしたいよ」小さな王子さまは答えた。「だけど、時間
がないんだ。友達をつくらなきゃいけないし、知らなきゃいけないこともた
くさんある」

「ぼくたちは、なつかせたもの、きずなを結んだものしか、本当に知るこ
とはできないんだよ」キツネは言った。

„Leute heutzutage sind zu beschäftigt, um Dinge wirklich kennen zu lernen. Sie gehen in Geschäfte, um Dinge zu kaufen, die schon gemacht sind. Aber da es keine Geschäfte gibt, um Freunde zu kaufen, haben Leute keine Freunde mehr. Wenn du einen Freund möchtest, zähme mich!"

„Was muss ich machen?" fragte der kleine Prinz.

„Du musst sehr geduldig sein", erzählte ihm der Fuchs. „Zuerst einmal musst du dich ins Gras setzen, ein bisschen weiter weg von mir. Ich werde dich sorgfältig beobachten. Du wirst kein Wort sagen. Alle Missverständnisse kommen vom Reden. Aber jeden Tag wirst du dich ein bisschen dichter zu mir setzen können..."

Am nächsten Tag kam der kleine Prinz wieder.

„Es wäre besser, wenn du zur gleichen Zeit täglich zurück kommen würdest", sagte der Fuchs. „Wenn du immer um vier Uhr nachmittags kommen würdest, dann wäre ich schon um drei Uhr glücklich. Je näher es gegen vier Uhr geht, um so glücklicher würde ich werden. Ich wäre so aufgeregt! Ich würde ein Glücksgefühl kennen lernen! Aber wenn du jeden Tag zu einer anderen Uhrzeit kommst, weiß ich nicht, wann ich anfangen soll glücklich zu sein... Wir müssen ein Ritual einführen."

„Was ist ein Ritual?", fragte der kleine Prinz.

„Das ist etwas, was die meisten Leute schon vergessen haben", sagte der Fuchs. „Ein Ritual ist etwas, was die Tage voneinander unterscheidet, oder Stunden von anderen Stunden. Zum Beispiel, meine Jäger haben ein Ritual. Jeden Donnerstag gehen sie zum Tanzen mit den Dorfmädchen. Deshalb ist jeder Donnerstag ein wunderbarer Tag!

「人間たちは時間がなくなりすぎて、本当のことを何も知ることができないでいる。店に行って、できあがったものを買う。でも友達を買える店はないから、もう友達もいないんだ。友達がほしいなら、ぼくの心を開かせておくれ！」

「どうすればいいの？」小さな王子さまはたずねた。
「うんと辛抱強くあることだな」キツネは言った。「まず、ぼくからかなり離れて草の中にすわるんだよ。ぼくはきみを注意深く観察する。きみは一言も言わない。誤解っていうものはぜんぶ、話すことで起こるんだからね。でもきみは毎日、少しずつぼくの近くにすわれるようになる……」

翌日、小さな王子さまは戻ってきた。
「毎日、同じ時間に戻ってきたほうがいいね」キツネが言った。「きみがいつも昼の４時に来たら、ぼくは３時ごろから嬉しくなるよ。４時に近づけば近づくほど、嬉しくなるんだ。４時になったら、ぼくはもう有頂天になってるだろう。幸せとはどんなものかを知るんだ！　でもきみが毎日違う時間に来たら、嬉しくなる準備をいつ始めていいのかわからないよ……。ならわしがいるんだ」

「ならわしってなんだい？」小さな王子さまがたずねた。
「これも、あまりにもたくさんの人が忘れてることさ」キツネは言った。「ならわしっていうのは、一日がほかの日と、一時間がほかの時間と違うようにすることさ。たとえば、ぼくを狩る猟師たちにもならわしがある。毎週木曜日には村の娘たちと踊りに行くんだ。だから、木曜日は毎週、天国さ！

■geduldig 我慢強い　■Missverständnis (n) 誤解　■dicht すぐそばに　■je 比較級 umso 比較級
～であればあるほど～だ　■aufgeregt 興奮した　■Ritual (n) 儀式　■einführen 導入する

Ich kann überallhin Spaziergänge machen. Wenn die Jäger immer tanzen würden, dann wäre jeder Tag gleich, und ich würde nie Freizeit haben."

Und so fing der kleine Prinz an, den Fuchs zu zähmen. Und als es endlich Zeit war, sich auf den Weg zu machen, sagte der Fuchs:

„Oh! Ich werde weinen..."

„Das ist dein Problem", antwortete der kleine Prinz. „Ich wollte dich nicht verletzen. Aber du hast mich gebeten, dich zu zähmen..."

„Natürlich", sagte der Fuchs.

„Aber du wirst weinen!"

„Natürlich."

„Aber was hast du von all dem? Warum hast du das getan? Was ist der Grund dafür?", fragte der kleine Prinz.

„Der Grund dafür ist die goldene Farbe des Weizens", antwortete der Fuchs.

Dann fügte er noch hinzu:

„Geh zurück und schau dir die Rosen an. Du wirst sehen, dass deine Rose einmalig ist. Dann komm bitte zurück zu mir und sage Auf Wiedersehen, und dann werde ich dir ein Geheimnis erzählen. Es wird mein Geschenk für dich sein."

■überallhin 至る所へ　■geh...zurück>zurückgehen（命令形）戻る

　ぼくはどこでも散歩できる。でももし猟師たちがいつも踊ってたら、毎日は他の日と同じで、ぼくは休日なんか取れなくなっちゃうよ」

　こうして、小さな王子さまはキツネをなつかせた。やがて王子さまの出発するときが来て、キツネは言った。

　「ああ！ ぼくは泣くよ……」

　「きみのせいなんだよ」小さな王子さまは答えた。「きみを傷つけたくなかったんだ。でもきみが、なつかせてって言ったから……」

　「もちろんさ」キツネは言った。

　「でも泣くんじゃないか！」

　「もちろん」

　「だったら、きみには何のいいことがあるんだい？ どうしてこんなことをしたの？どんな理由で？」小さな王子さまはたずねた。

　「理由は、麦の金色にある」キツネは答えた。

　そして付けくわえた。

　「戻っていって、バラ園を見てきたらいい。きみのバラがかけがえのないものだってわかるから。それからぼくにさよならを言いに来て。そうしたらきみに秘密を教えてあげよう。それがぼくからの贈り物だ」

Der kleine Prinz ging zurück und schaute auf die Rosen.

„Ihr seid überhaupt nicht meiner Rose ähnlich. Ihr seid nichts im Vergleich zu ihr", sagte er zu den Rosen. „Keiner hat euch gezähmt, und ihr habt niemanden gezähmt. Mein Fuchs war einmal wie ihr. Er war ein Fuchs wie viele andere tausende von Füchsen. Aber ich habe ihn zu meinem Freund gemacht, und jetzt ist er wie kein zweiter in der ganzen Welt."

Die Rosen waren davon nicht angetan.

„Ihr seid hübsch, aber ihr seid leer", erzählte ihnen der kleine Prinz. „Keiner will für euch sterben. Natürlich würde eine normale Person denken, meine Rose ist genauso wie ihr. Aber ich weiß, dass sie wichtiger ist als ihr alle, weil ich mich um sie gekümmert habe. Weil ich sie unter eine Glashaube getan habe. Weil ich sie vor der Kälte geschützt habe. Weil sie die ist, für die ich die Raupe getötet habe (außer den zwei oder drei, die Schmetterlinge werden). Weil sie die ist, die sich mit mir unterhalten hat oder auch ruhig sein konnte. Weil sie meine Rose ist."

Dann kehrte er zum Fuchs zurück.

„Auf Wiedersehen", sagte der kleine Prinz.

„Auf Wiedersehen", sagte der Fuchs. „Hier ist mein Geheimnis. Es ist sehr einfach: Wir sehen nicht alles deutlich, außer wenn wir mit unserem Herzen schauen. Die Dinge, die am Wichtigsten sind, können nicht mit unseren Augen gesehen werden."

■j³/et³ ähnlich ～に似ている ■im Vergleich zu j³/et³ ～と比較して ■wie kein zweiter 誰にも増して（優れて）■Haube (f) ケース ■getan>tun しまう、置く ■vor et³ schützen ～から守る ■kehrte...zurück>zurückkehren 戻る

　小さな王子さまは戻っていって、バラ園のバラを見た。

　「きみたちは、ちっともぼくのバラに似てないね。くらべものにならないよ」王子さまはバラたちに言った。「だれも、きみたちをなつかせたことはなかったし、きみたちも、だれもなつかせたことがないんだ。ぼくのキツネは、昔はきみたちのようだった。ほかの何千のキツネと同じただのキツネだった。でもぼくがキツネを友達にしたから、今じゃ、世界中で彼みたいなキツネは他にいないんだ」

　バラたちは気をわるくした。

　「きみたちは美しいよ、でも空っぽだ」小さな王子さまはバラたちに言った。「だれもきみたちのためには死なないよ。もちろん普通の人には、ぼくのバラもきみたちと同じように見えるだろうね。でもぼくは、きみたちぜんぶよりも、ぼくのバラが大切だってわかってるよ。だって、ぼくが大切にしてきたのは、このバラなんだからね。ぼくがケースをかぶせ、寒さから守ってやり、毛虫を（蝶になるように残した２、３匹以外は）やっつけてあげたのは、このバラのためなんだ。ぼくとおしゃべりをして、ぼくと静かにいたのはこのバラなんだ。ぼくのバラだからだ」

　そして小さな王子さまはキツネのところに戻った。

　「さよなら」小さな王子さまは言った。

　「さよなら」キツネも言った。「ぼくの秘密を教えてあげるよ。とっても簡単なことなんだ。ぼくたちは、心の目で見ない限り、何もはっきりと見えないんだ。一番大切なものは、目に見えないんだよ」

„Die Dinge, die am wichtigsten sind, können nicht mit unseren Augen gesehen werden", wiederholte der kleine Prinz. Er wollte sicher sein, dass er sich daran erinnern würde.

„Es ist die Zeit, die du aufgebracht hast für deine Rose, was sie so wertvoll macht."

„Es ist die Zeit, die ich aufgebracht habe für meine Rose..." wiederholte der kleine Prinz. Er wollte sich daran erinnern.

„Leute haben die Wahrheit vergessen", erzählte der Fuchs. „Aber du darfst dies nicht vergessen. Du bist auf ewig veranwortlich für das, was du gezähmt hast..."

„Ich bin verantwortlich für meine Rose...", wiederholte der kleine Prinz. Er wollte sich daran erinnern.

Kapitel XXII

„Guten Morgen", sagte der kleine Prinz.

„Guten Morgen", sagte der Bahnwärter.

„Was machst du hier?", fragte der kleine Prinz.

„Ich reguliere den Weg der Reisenden. Ich reguliere tausende von Reisenden auf einmal", sagte der Bahnwärter. „Ich reguliere die Züge, mit denen sie reisen. Einige Züge fahren nach rechts, andere nach links."

■aufgebracht>aufbringen 捻出する ■verantwortlich für et⁴ ～に対して責任がある
■regulieren 調整する ■auf einmal 一度に ■Bahnwärter (m) 保線員

「一番大切なものは、目に見えない」小さな王子さまは繰り返した。どうしても憶えておきたかったのだ。

「きみがバラのために費やした時間、それがバラをこんなに大切にしたんだ」
「ぼくがバラのために費やした時間……」小さな王子さまは繰り返した。これを憶えておきたかったからだ。
「人は、この真実を忘れてしまった」キツネは言った。「でもきみは忘れちゃいけない。きみは、なつかせたもの、心を開かせた相手には、永久に責任があるんだ。きみのバラに、責任がある……」
「ぼくはバラに責任がある……」小さな王子さまは繰り返した。憶えておきたかったから。

第２２章

「おはよう」小さな王子さまは言った。
「おはよう」列車の信号手は言った。
「ここで何をしてるの？」小さな王子さまはたずねた。
「旅行者をあちこちに移動させるのさ。一度に何千人も動かすんだよ」線路のポイントを切りかえる信号手は言った。「旅行者の乗った列車を動かすんだ。右へ行く列車もあるし、左へ行く列車もある」

Und dann fuhr ein hell erleuchteter Zug vorbei. Er machte einen Lärm wie ein Donner, so dass das Wärterhäuschen schaukelte.

„Diese Leute haben es eilig", sagte der kleine Prinz. „Was suchen sie?"

„Selbst der Mann, der den Zug fährt, weiß das nicht", sagte der Bahnwärter.

Dann fuhr ein zweiter Zug vorbei. Er fuhr in die entgegengesetzte Richtung.

„Kommen die schon zurück?", fragte der kleine Prinz.

„Das sind nicht die gleichen Leute", sagte der Bahnwärter. „Sie sind aneinander vorbeigefahren."

„Diese Leute waren nicht glücklich, wo sie waren?"

„Leute sind nie glücklich, wo sie gerade sind", antwortete der Bahnwärter.

Ein dritter Zug fuhr vorbei.

„Versuchen sie, die Reisenden im ersten Zug einzuholen?", fragte der kleine Prinz.

„Sie versuchen gar nichts", sagte der Bahnwärter. „Sie schlafen im Zug, oder sie gähnen. Nur die Kinder drücken ihre Gesichter gegen die Fensterscheiben."

„Nur die Kinder wissen, wonach sie suchen oder schauen", sagte der kleine Prinz. „Sie nehmen sich die Zeit, um sich um Puppen zu kümmern, und die Puppen werden sehr wichtig für sie. Und wenn dann jemand ihnen diese wegnehmen will, weinen sie..."

„Sie haben Glück", sagte der Bahnwärter.

■fuhr...vorbei>vorbeifahren（乗り物で）通り過ぎる ■erleuchten 照らす ■schaukeln 揺れ動く ■es eilig haben 急いでいる ■entgegensetzen 対置する ■einholen 追いつく
■Fensterscheibe (f) 窓ガラス ■sich³ Zeit nehmen 時間をとる

　その時、明かりを一杯つけた特急列車が走り去った。雷みたいな音をとどろかせながら、信号手の小屋を震わせていった。

　「あの人たち、急いでるんだね」小さな王子さまは言った。「みんな、何を探してるの？」

　「それは、列車の運転士も知らないんだよ」信号手は答えた。

　２台目の列車が、急いで通り過ぎた。今度は反対方向へ進んでいった。

　「あの人たち、もう帰っていくの？」小さな王子さまはたずねた。

　「同じ人たちじゃないよ」信号手は言った。「あれは、すれ違ったんだ」

　「自分のいた所で幸せじゃなかったから？」

　「自分のいる場所で満足する人はいないね」信号手は答えた。

　３台目の列車が通り過ぎた。

　「あの人たち、１台目の旅行者に追いつこうとしてるの？」小さな王子さまはたずねた。

　「何もしようとしてないよ」信号手は答えた。「列車の中では寝るか、あくびするかなのさ。窓に顔を押し付けているのは子どもたちだけだよ」

　「子どもたちだけが、何をさがしているのかわかっているんだね」小さな王子さまは言った。「子どもたちは、時間をかけて人形の世話をやく、そうすると、その人形がとても大切になる。だからもしその人形を取り上げられたら、泣くんだ……」

　「その子たちはラッキーなのさ」信号手は言った。

 # Kapitel XXIII

„Guten Morgen", sagte der kleine Prinz.

„Guten Morgen", sagte der Verkäufer.

Der Verkäufer verkaufte besondere Tabletten. Diese Tabletten halfen den Leuten, Ihren Durst zu vergessen. Wenn man jede Woche eine Tablette nimmt, brauchst du nie wieder Wasser zu trinken.

„Warum verkaufst du diese Tabletten?", fragte der kleine Prinz.

„Sie sparen viel Zeit", sagte der Verkäufer. „Wissenschaftler haben dies errechnet. Diese Tabletten sparen jede Woche dreiundfünfzig Minuten."

„Was machen die Leute mit diesen dreiundfünfzig Minuten?"

„Sie können tun, was immer sie möchten..."

Der kleine Prinz sagte zu sich: „Wenn ich diese dreinundfünfzig Minuten hätte, würde ich gemächlich zu einem Brunnen mit frischem Wasser gehen."

■halfen>helfen 助ける ■nie wieder 二度と〜しない ■sparen 節約する ■errechnen 算出する ■gemächlich ゆっくりとした

第23章

「おはよう」小さな王子さまは言った。

「おはよう」セールスマンは言った。

このセールスマンは、特殊な錠剤を売っていた。これを飲むと、のどの渇きを感じなくなる。毎週、一錠ずつ飲めば、水を全く飲まなくてもいいのだ。

「どうしてこの錠剤を売ってるの？」小さな王子さまはたずねた。

「ものすごく時間が節約できるからさ」セールスマンは言った。「科学者たちが計算したんだ。この錠剤で、毎週53分の節約になる」

「その53分で何をするの？」

「何でも、やりたいことをやるのさ……」

「もし53分あったら、ぼくなら、きれいな水の出る井戸にゆっくりと歩いていくけどなあ」小さな王子さまはつぶやいた。

Kapitel XXIV

Acht Tage sind schon vergangen, seit ich mein Flugzeugunglück hatte. Während ich dem kleinen Prinzen zuhörte, als er über den Verkäufer sprach, trank ich meinen letzten Tropfen Wasser.

„Nun!", sagte ich zum kleinen Prinzen. „Deine Erinnerungen sind sehr interessant, aber ich habe mein Flugzeug noch nicht repariert. Und ich habe kein Wasser mehr zum Trinken. Ich wäre sehr froh, wenn ich gemächlich zu einem Brunnen mit frischem Wasser gehen könnte!"

„Mein Freund, der Fuchs, erzählte mir..."

„Aber mein lieber kleiner Freund, dies hat nichts mit einem Fuchs zu tun!"

„Warum?"

„Weil wir vor lauter Durst sterben werden...."

Er verstand das nicht. Er sagte: „Es ist gut, einen Freund zu haben, auch wenn man kurz vorm Sterben ist. Ich bin sehr froh, dass ich einen Fuchs als Freund habe..."

„Er versteht die Gefahr nicht", sagte ich zu mir selbst. „Er wird niemals hungrig oder durstig. Alles, was er braucht, ist ein bisschen Sonnenlicht..."

Aber dann schaute er zu mir herüber und beantwortete meine Gedanken.

■Tropfen *(m)* しずく　■mit j³/et³ zu tun haben ～と関係がある　■herüber こちら側へ

第２４章

　ぼくの飛行機が墜落してから８日たった。小さな王子さまがセールスマン
の話をするのを聞きながら、ぼくは残った水の最後の一滴を飲んだ。

　「ああ！」ぼくは小さな王子さまに言った。「きみの思い出話にはとても興
味を引かれるよ。でも飛行機は修理できてない。水も、もうない。真水の出
る井戸へゆっくりと歩いていけたら、ぼくはそれこそ嬉しいだろうよ！」

　「ぼくの友達のキツネが言ったことには……」
　「でもきみ、キツネとは全く関係ないんだ！」

　「なぜ？」
　「なぜって、ぼくらはのどが渇いて死んでしまうからさ……」
　王子さまにはわからなかった。そして言った。「もし死ぬとしても、友情
を培っておいたのはいいことだよ。ぼくは、キツネと友達になったこと、本
当に嬉しいよ……」
　「王子さまは、この危険がわかっていない」ぼくは心の中で思った。「腹が
減ったり、のどが渇いたりということがないんだ。お日さまがほんの少しあ
れば、生きていけるんだ……」
　しかし、王子さまはこちらを見て、ぼくの思っていることにちゃんと答え
た。

„Ich bin auch durstig... Lass uns losgehen und einen Brunnen mit frischem Wasser suchen...“

Ich fühlte mich müde. Ich dachte, es ist töricht nach einem Brunnen in der Wüste zu suchen. Die Wüste war so groß. Und wir wussten nicht, wo wir suchen sollten. Auf jeden Fall gingen wir erst einmal los...

Stundenlang gingen wir ohne Unterhaltung. Die Nacht kam, und die Sterne erschienen. Weil ich so durstig war, fühlte ich mich etwas kränklich. Alles war wie ein Traum. Die Worte des kleinen Prinzen tanzten in meinem Kopf.

„Ach so, du bist also auch durstig?“, fragte ich ihn.

Aber er antwortete nicht. Er sagte nur: „Wasser ist auch gut fürs Herz...“

Ich verstand das nicht. Ich fragte ihn aber nicht nach der Bedeutung... Ich wusste, dies war nicht nötig.

Er war müde und setzte sich hin. Ich setzte mich neben ihn. Nach einer Weile sagte er: „Die Sterne sind hübsch. Sie sind hübsch, weil irgendwo dort oben eine Blume ist, die ich von hier aus nicht sehen kann...“

„Ja“, sagte ich und schaute auf den vom Mondlicht erleuchteten Sand.

„Die Wüste ist hübsch“, bemerkte der kleine Prinz. Und er hatte recht. Ich habe schon immer die Wüste gemocht. In der Wüste sitzt du auf dem Sand. Du siehst nichts. Du hörst nichts. Und doch füllt etwas Hübsches die Stille...

„Die Wüste ist hübsch“, sagte der kleine Prinz, „weil irgendwo ein Brunnen versteckt ist.“

■töricht 愚かな ■erst ともかく ■sich^4 hinsetzen 座る ■gemocht>mögen 好む

「ぼくものどが渇いたよ……。真水の出る井戸を探しに行こう……」

　ぼくは疲れを感じた。砂漠の中で、井戸を探すなんてばかばかしいと思った。この砂漠は巨大だ。どこから探せばいいのか見当もつかない。でもとにかく、ぼくらは歩き始めた。

　何時間も、ぼくらはただ歩いて、一言もしゃべらなかった。夜になって、星が出た。ぼくはあんまりのどが渇いて、気分がわるくなった。何もかもが夢の中のできごとのようだ。小さな王子さまの言葉が、ぼくの頭のなかで踊る。
　「じゃ、きみものどが渇いてるんだね？」ぼくはたずねた。
　でも王子さまは答えなかった。ただ、こう言っただけだった。「水は心にもいいんだよ……」
　ぼくにはわからなかった。それでも、どういう意味かと聞いたりしなかった……。その必要がないことは、わかっていたから。
　王子さまは疲れて、すわり込んだ。ぼくも隣にすわった。しばらくして、王子さまが言った。
　「星はきれいだ。ここからは見えない花が、どこかで一輪咲いているからだね……」
　「そうだね」ぼくは言って、月に照らされた砂を見つめた。

　「砂漠は美しい」小さな王子さまが言った。
　そのとおりだった。ぼくはいつも砂漠を愛してきた。砂漠では、砂の上にすわるのだ。何も見えない。何も聞こえない。なのに、何か美しいものが静寂を満たすのだ……。
　「砂漠は美しい」小さな王子さまが言った。「どこかに井戸が隠されているから」

Plötzlich verstand ich, warum die Wüste hübsch ist. Als ich noch ein kleiner Junge war, lebte ich in einem sehr alten Haus. Die Leute haben immer geglaubt, dass ein Schatz in diesem Haus versteckt sei. Natürlich hat niemand ihn jemals gefunden.

Vielleicht hat auch keiner wirklich danach gesucht.

Aber die Geschichte des Schatzes hat das Haus hübsch gemacht. Mein Haus hatte ein Geheimnis tief in seinem Herzen...

„Ja", sagte ich zu dem kleinen Prinzen. „Es ist egal, ob wir über Häuser, über Sterne oder über die Wüste reden – was sie hübsch macht, kann man nicht mit den Augen erkennen..."

„Ich bin froh, dass du meinem Freund, dem Fuchs, zustimmst", sagte er.

Dann schlief der kleine Prinz ein. Ich hob ihn hoch. Ich hielt ihn in meinen Armen, während ich weiterging. Mein Herz war erfüllt. Ich hatte das Gefühl, dass ich einen zerbrechlichen Schatz trug. Ich fühlte, dass es nichts Zerbrechlicheres auf der ganzen Erde gab. Im Mondschein schaute ich in sein blasses Gesicht, seine Augen geschlossen, und sein Haar bewegte sich ein wenig im Wind. Ich sagte zu mir selbst: „Was ich hier sehe, ist nur eine Hülle. Der viel wichtigere Teil bleibt den Augen verborgen..."

Während ich auf seine Lippen schaute mit ihrem Lächeln, sagte ich zu mir: „Die wahre Liebe des Prinzen zu seiner Blume füllt mein Herz. Seine Liebe kommt aus seinem Inneren, wie das Licht einer Lampe. Es leuchtet sogar, wenn er schläft..."

Und damit machte er einen noch zerbrechlicheren Eindruck auf mich. Dieses Licht muss geschützt werden. Selbst ein kleiner Hauch kann es auslöschen. Früh am Morgen fand ich den Brunnen.

■verstecken 隠す ■sei>sein（接続法第Ⅰ式）■jemals かつて ■schlief...ein>einschlafen 寝入る ■hob...hoch>hochheben 高く持ち上げる ■zerbrechlich 壊れやすい ■blass 青ざめた

　突如としてぼくは、砂漠がなぜ美しいかを理解した。子どもだったころ、ぼくはとても古い家に住んでいた。その家のどこかに宝物が隠されているらしいとずっと言われてきた。もちろん、だれも見つけたものはいない。

　真剣に探した人もいなかったのだろう。
　それでも、この宝物の言い伝えが家を満たし、美しくした。ぼくの家は、見えない中心部の奥深く、秘密を隠していたのだ……。
　「そうだ」ぼくは小さな王子さまに言った。「ぼくらの話していることが家でも、星でも、砂漠でも関係ない──それらを美しくしているものは、目には見えないんだ！」
　「きみが、友達のキツネと同じことを考えていてくれてうれしいよ」王子さまは言った。
　そして、小さな王子さまは眠りに落ちた。ぼくは彼を抱き上げた。王子さまを抱きかかえて、歩いた。ぼくは胸がいっぱいだった。こわれそうな宝物を抱えている気がした。この地上で、これほど繊細でこわれやすいものはないような気がした。月明かりに、ぼくはその青白い顔や、閉じた眼、風にかすかに揺れる髪を見つめた。ぼくは心の中で思った。「今見ているのは、外側の、殻にすぎないんだ。一番大切な部分は目には見えないんだ……」

　眠りの中で、半分笑ったような王子さまの唇を見ながら、ぼくは思った。「小さな王子さまの持つ、自分の花への本物の愛が、ぼくの心を満たす。王子さまの愛は、ランプの光みたいに、彼の内側から光を放ってる。眠っているときでさえ輝いて……」
　そうすると、王子さまはなおいっそう、こわれやすいものに思えるのだった。この光は守らなければならない。ほんのかすかな風で消えてしまうかもしれないのだから……。
　その日の早朝、ぼくは井戸を見つけた。

■Hülle (f) 覆い　■verborgen>verbergen 隠された　■Hauch (m) 息、微風　■auslöschen 消す

覚えておきたいドイツ語表現

Alle Missverständnisse kommen vom Reden. (p.152, 10行目)
誤解っていうものはぜんぶ、話すことで起こるんだからね。

【解説】原因を表す表現は weil だけではありません。von et³ kommen を使うこともできます。英語でも come from〜で同様の意味を持ちますね。ここはキツネの「相手の心を開くには一言も言わないで辛抱強く観察することが大事」という持論を述べているところです。Missverständnisse と Reden という名詞を使うことで、動詞を用いるよりも文章全体が簡潔になりますね。

【例文】

① Meine Kopfschmerzen kommen von der Hitze.
頭痛がするのは、暑さのせいだ。

② Das beschädigte Dach kommt vom Schnee.
あの屋根が損傷しているのは、雪のせいだ。

Dies hat nichts mit einem Fuchs zu tun! (p.164, 10行目)
キツネとは全く関係ないんだ！

【解説】mit j³ / et³ (nichts) zu tun haben は英語の have nothing / something to do with... とよく似ていますね。否定の場合、nicht ではなく nichts であることに注意しましょう。

【例文】

① Das hat nichts mit dir zu tun!　　それは君には関係ない！

② Was hat das mit mir zu tun?　　それは、私とどう関係がある？

Die Leute haben immer geglaubt, dass ein Schatz in diesem Haus versteckt sei. (p.168, 2-3行目)
その家のどこかに宝物がかくされているらしいとずっと言われてきた。

【解説】砂漠がなぜ美しいかを語る場面ですね。このように、他人の言葉を伝える際に接続法第I式を用います。上記の例では、sei は sein の接続法第I式です。

【例文】

① Sie sagt, sie habe heute Fieber.　彼女は今日、熱があると言っている。

② Der Tourist fragte mich, welcher Zug zum Flughafen fahre.
観光客に、どの電車が空港行きかを聞かれた。

Ich hatte das Gefühl, dass ich einen zerbrechlichen Schatz trug.
（p.168, 15行目）
こわれそうな宝物を抱えている気がした。

【解説】das Gefühl haben, dass... で、自身の気持ちや感情を何かに例えることができます。「〜という気がする」という、断定を避けた表現です。sich⁴ fühlen と意味合いは同じです。自分の感情や意見を明確に言うと思われるドイツ人ですが、こうした曖昧な表現もあるのですね。

【例文】

① Ich habe das Gefühl, dass alles schief läuft.
全てがうまくいかなくなるという予感がする。

② Immer wenn ich auf einer Brücke stehe, habe ich das Gefühl, ich kann fliegen.　橋の上に立つと、飛べるような気になる。

Der viel wichtigere Teil bleibt den Augen verborgen... （p.168, 下から9–8行目）
一番大切な部分は目に見えないんだ……

【解説】星の王子さまの哲学を表す言葉ですね。「見えない」をとても美しく表現しています。直訳すると、「一番大切な部分は、私たちの目から (den Augen) 隠れた (verbergen) ところにあり続ける (bleiben)」となります。「bleiben + 過去分詞」で、ある状態が継続していることを表現することができます。156ページ下から2行目では、同じことを別の言い方でも表現していますね。Die Dinge, die am Wichtigsten sind, können nicht mit unseren Augen gesehen werden. ここでは「見えない」を können nicht gesehen werden（助動詞 + 受動態）という言い方で表しています。

【例文】

① Der Preis bleibt unverändert.　価格はそのままです。

② Die Schwimmhalle bleibt den ganzen Sommer geöffnet.
そのプールは、夏のあいだ中開いている。

「私がサン＝テグジュペリ氏を撃った」
——あるドイツ人元パイロットの告白

　2008年、衝撃的なニュースが伝えられました。「私がサン＝テグジュペリ氏（の乗った戦闘機）を撃った」と、元ドイツ空軍パイロットが激白したのです。彼の名はホルスト・リッペルト（1922–2013）。

　サン＝テグジュペリが1944年に、ドイツ占領下の母国の偵察に出て、戦闘機ごと消息を絶ったことは広く知られています。墜落した機体はマルセイユ近郊で発見されたものの、遺体は見つかっておらず、追撃されたのか、あるいは自殺だったのか、その真相をめぐってさまざまな説がささやかれてきました。そこへ来てのリッペルト氏の告白は、当然大きな衝撃をもたらしました。

　ドイツを代表する日刊紙 Frankfurter Allgemeine Zeitung にリッペルト氏（当時85歳）のインタビューが載ったのは、2008年3月17日のこと。記事の見出しはこうです：„Ich bedauere es zutiefst, den verehrten Autor getötet zu haben"（敬愛する作家を撃ってしまったことを、心から悔やんでいる）。リッペルト氏は、元ドイツ空軍のパイロットで、戦後はZDF（テレビ局）のスポーツ記者として8度のオリンピックを取材しています。彼の話によると、「1944年7月に偵察飛行を行っている際に敵機を発見し、撃墜した。おそらく200mくらいの距離から。でも乗っていたのが誰なのかを確認したわけではない。戦後、自分が撃った敵機にサン＝テグジュペリ氏が乗っていた可能性が非常に高いことがわかった」とのことです。そもそもは2000年に、サン＝テグジュペリの乗っていた偵察機の残骸が見つかった地点付近で、ドイツ空軍機のモーターが発見され、その調査を担当した者にリッペルト氏が告白した、ということだったようです。

　自身もサン＝テグジュペリ作品のファンだったというリッペルト氏。65年もの間、この真相を心にしまいこんでいた彼の心境はいかなるものだったでしょう。

参考：http://www.faz.net/aktuell/gesellschaft/raetsel-um-saint-exupery-geloest-ich-bedauere-es-zutiefst-den-verehrten-autor-getoetet-zu-haben-1511167.html

Teil 7

───────── ✳ ─────────

Kapitel 25-27

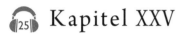 # Kapitel XXV

„Leute beeilen sich, in den Zug einzusteigen", sagte der kleine Prinz. „Aber sie wissen nicht, wonach sie suchen. Sie werden daher ärgerlich. Dann laufen sie im Kreis herum..."

Er fügte noch hinzu:

„Es gibt keinen Grund das zu tun..."

Der Brunnen, den wir gefunden hatten, sah nicht aus wie einer der vielen Brunnen in der Sahara. Die meisten Wüstenbrunnen sind einfache Löcher im Sand. Dieser sah aus wie ein Brunnen für ein Dorf. Aber es gab kein Dorf. Ich dachte, ich träume.

„Sehr merkwürdig," sagte ich zum kleinen Prinzen. „Alles ist vorbereitet: der Flaschenzug, der Eimer und das Seil..."

Er lachte und nahm das Seil zur Hand. Er machte sich daran, den Flaschenzug zu bedienen. Es gab ein ächzendes Geräusch wie bei einer alten Windfahne, wenn der Wind für lange Zeit eingeschlafen war.

„Hörst du das?", sagte der kleine Prinz. „Wir haben den Brunnen aufgeweckt. Jetzt fängt er an zu singen..."

Ich wollte nicht, dass er all die Arbeit alleine machte.

„Lass mich das machen", sagte ich zu ihm. „Es ist zu schwer für dich."

■Löcher>Loch (n) 穴 ■sich⁴ daranmachen 取り掛かる ■ächzen うめく ■aufwecken 起こす

174

第２５章

「人間たちって、列車に乗ろうとして急ぐんだね」小さな王子さまは言った。「でも、自分が何を探しているのかわからないんだ。だから、腹を立てる。そして、同じところをぐるぐると走り回るんだ……」

王子さまは続けて言った。

「そんなことをする理由は一つもないのにね……」

ぼくらが見つけた井戸は、サハラ砂漠にある普通の井戸とは違っていた。砂漠の井戸というものはたいてい、砂に穴を掘っただけのものだ。これは、村にある井戸のようだった。でもこのあたりに村はない。夢を見ているのかもしれないと思った。

「不思議だね」ぼくは小さな王子さまに言った。「何もかも、そろってる。滑車も、つるべも、ロープも……」

王子さまは笑って、ロープをつかみ、滑車を動かし始めた。滑車は、久しぶりの風を受けた古い風見鶏のように、きしんだ音を立てた。

「聞こえるかい？」王子さまは言った。「ぼくらは井戸を目覚めさせたんだ。今はほら、歌ってる……」

ぼくは、王子さまひとりに作業をやらせたくなかった。

「ぼくがやろう」ぼくは言った。「きみには重すぎるよ」

Ich zog langsam den Eimer hoch. Ich stellte ihn auf den Rand des Brunnens. Ich konnte immer noch den Flaschenzug singen hören in meinen Ohren. Ich konnte immer noch den Sonnenschein auf der Oberfläche des Wassers sich spiegeln sehen.

„Ich habe Durst auf dieses Wasser", sagte der kleine Prinz. „Gib mir etwas zu trinken..."

Und dann verstand ich, wonach er gesucht hatte!

Ich hob den Eimer bis an seine Lippen. Er schloss seine Augen und trank. Das Wasser war wohlschmeckend. Es zu trinken war wie ein Fest. Dieses Wasser war mehr als nur ein Schluck. Es war wohlschmeckend, weil wir unter den Sternen gewandert waren, weil der Flaschenzug gesungen hatte, weil ich mit meinen Armen den Flaschenzug bedient hatte.

Dieses Wasser war gut fürs Herz. Es war ein Geschenk. Es erinnerte mich an Weihnachten, als ich noch ein kleiner Junge war und die Weihnachtslichter am Tannenbaum und die Musik der Mitternachtsandacht mir eine Freude bereiteten. Genau das war mein Weihnachtsgeschenk gewesen.

■zog...hoch>hochziehen 引っ張り上げる ■Rand (m) 縁 ■sich⁴ spiegeln 映る
■schloss>schließen 閉じる ■wandern 歩き回る ■bedienen 操作する ■Andacht (f) 礼拝

　ゆっくりと、ぼくはつるべを引っ張り上げて、井戸のふちにのせた。今で
も、耳の奥であの滑車の歌が聞こえる。水面に反射する太陽の光が見える。

「この水が飲みたい」王子さまは言った。「少し飲ませてよ……」

　この時、ぼくは、王子さまの探し物がわかったのだ！
　ぼくはつるべを王子さまの口元に持っていった。王子さまは目を閉じて、
飲んだ。水は甘かった。それを飲むのは祝祭のようだった。この水は、ただ
の飲み水じゃない。これが甘いのは、ぼくらが星降る空の下を歩き、滑
車が歌い、ぼくが腕に力を込めて汲んだからだ。
　この水は、心にいい水なのだ。贈り物みたいに。子どもの
頃のクリスマスがよみがえってくる。ツリーを飾るたく
さんの光や、真夜中のミサの音楽
が、ぼくらの心
を喜びで満た
してくれた。
それこそが、
クリスマス
の贈り物だ
った。

Der kleine Prinz sagte: „Leute auf diesem Planeten lassen fünftausend Rosen in einem einzigen Garten wachsen... und sie finden immer noch nicht, was sie eigentlich suchen..."

„Sie finden es nicht", stimmte ich zu.

„Und doch, wonach sie suchen, kann man in einer einzigen Rose oder in einem einfachen Tropfen Wasser finden..."

„Natürlich", sagte ich.

Aber unsere Augen sehen es nicht. Wir müssen es mit unseren Herzen erkennen.

Ich hatte etwas Wasser getrunken und fühlte mich deswegen besser. In der Morgensonne hatte der Wüstensand einen honigfarbenen Schein. Ich war froh, ihn so zu sehen. Warum sollte ich mich also traurig fühlen?

„Du musst dein Versprechen einhalten", sagte der kleine Prinz sanft. Er saß neben mir.

„Welches Versprechen?"

„Du weißt... ein Maulkorb für mein Schaf. Ich bin verantwortlich für meine Blume."

Ich zog meine Skizze aus meiner Tasche. Der kleine Prinz sah sie und fing an zu lachen.

„Dein Affenbrotbaum sieht aus wie ein Kohlkopf."

„Oh." Und ich war so stolz auf meinen Affenbrotbaum gewesen.

„Und dein Fuchs.... seine Ohren.... sie sehen aus wie Hörner... und sie sind zu lang!"

Er lachte wieder. Ich erzählte ihm:

■Versprechen (*n*) 約束　■einhalten　約束を守る

　小さな王子さまは言った。「この惑星の人たちは、たった一つの庭に5000本のバラを植える……それでも、探しているものを見つけられないんだ……」
　「見つけられないね」ぼくは応えた。
　「探し物は、たった一本のバラや、たった一杯の水の中に見つけられるのにね……」
　「ほんとうだね」ぼくは言った。
　「でもぼくらの目には見えない。心の目で見なければならないんだ」

　ぼくは水を飲んだおかげで、気分がよくなっていた。朝の光の中で、砂漠の砂ははちみつの色をしている。ぼくは満ち足りた気持ちでそれをながめた。なのになぜ、まだ悲しいのだろう？

　「約束を守ってね」王子さまは静かに言った。ぼくの隣にすわっていた。

　「約束って、なんの？」
　「ほら……ぼくのヒツジの口輪だよ……。ぼくは、あの花に責任があるんだ」
　ぼくは、ポケットから絵を取り出した。小さな王子さまはそれを見て、笑い始めた。
　「きみのバオバブは、キャベツみたいだね……」
　「えっ！」ぼくはバオバブの絵にはかなり自信があったのに！
　「それにキツネも……耳が……ちょっと角みたいじゃないか……それに長すぎるよ！」
　王子さまはまた笑った。ぼくは言った。

„Du bist nicht gerecht, mein kleiner Freund. Ich kann nur das Innere und das Äußere einer Königsschlange zeichnen."

„Oh, das ist ok", sagte er. „Kinder verstehen das."

Ich zeichnete also einen Maulkorb für sein Schaf. Aber mein Herz war merkwürdig traurig.

Ich sagte ihm: „Du hast Pläne, die du mir noch nicht erzählt hast."

Aber er antwortete nicht. Stattdessen sagte er:

„Morgen wirst du es sehen, es wird ein Jahr vergangen sein, seitdem ich auf die Erde fiel...."

Dann, nach einem Moment, sagte er:

„Der Platz, wo ich herunterfiel, ist ziemlich in der Nähe von hier..."
Sein Gesicht rötete sich.

Und wieder, ohne zu verstehen warum, fühlte ich mich merkwürdig traurig, und ich stellte ihm diese Frage:

„Es ist also so, dass, als ich dich das erste Mal traf, du nicht zufällig in der Wüste warst? Du kamst zurück zu dem Platz, wo du heruntergefallen warst?"

Das Gesicht des kleinen Prinzen rötete sich. Er war immer noch beschämt. Ich fügte hinzu:

„Vielleicht kamst du zurück, weil schon ein Jahr vergangen ist, seitdem du auf die Erde fielst?"

Er beantwortete meine Fragen nicht. Aber wenn jemand sich schämt, bedeutet das „Ja", nicht wahr?

„Ach!", sagte ich. „Ich mache mir Sorgen um dich..."

Aber er sagte zu mir:

■gerecht 公正な ■fiel>fallen 落ちる ■sich röten 赤くする ■beschämt 恥じ入った
■sich⁴ schämen 恥じる

「きみ、きみ、それはフェアじゃないよ。ぼくはもともと、大蛇ボアの内と外しか描けないんだからね」

「それでいいんだよ」王子さまは言った。「子どもたちにはわかるよ」

ぼくは王子さまのヒツジにはめる口輪を描いた。でもぼくの心は、なぜか悲しみに沈んでいた。

ぼくは王子さまに言った。「ぼくに話してくれてない計画があるんだね……」

でも王子さまは答えなかった。代わりにこう言ったのだ。

「明日は、明日はね、ぼくが地球に落ちてきてから1年になるんだ……」

そして、少し黙ってからこう言った。

「ぼくが落ちたところは、ここからかなり近いんだ……」王子さまの顔は薄桃色に染まった。

今度も、なぜだかわからないまま、ぼくは奇妙な胸の痛みにおそわれて、たずねた。

「ということは、ぼくがきみに初めて会った朝、砂漠を偶然歩いていたわけじゃなかったのかい? 落ちた場所へ戻ろうとしていたんだね?」

小さな王子さまの顔はいよいよ赤みが増した。まだ頬を染めている。ぼくは続けた。

「きっと、地球に落ちてから1年だから、戻ろうとしていたんだね?」

王子さまは、ぼくの質問には答えなかった。でも、だれかが頬を染めるとき、それは「うん」ということだよね?

「ああ!」ぼくは言った。「ぼくはきみのことが心配だ……」

でも王子さまは言った。

„Du solltest jetzt gehen. Geh und arbeite an deinem Flugzeug. Ich warte hier auf dich. Komm morgen Abend zurück..."

Ich fühlte mich nicht besser. Ich erinnerte mich an den Fuchs. Wir sind in Gefahr traurig zu werden, wenn wir uns zähmen lassen...

 # Kapitel XXVI

Eine alte Steinmauer stand neben dem Brunnen. Als ich in der folgenden Nacht zurückkehrte, sah ich meinen kleinen Prinzen auf der Mauer sitzen. Und ich konnte ihn sagen hören:

„Erinnerst du dich? Es war nicht genau hier!"

Jemand muss ihm geantwortet haben, denn er sagte dann: „Oh doch! Heute war es bestimmt, aber es ist nicht der Ort..."

Ich wanderte weiter auf die Mauer zu. Ich konnte niemanden außer dem kleinen Prinzen sehen oder hören. Aber er sprach wieder:

„Natürlich. Du wirst meine Fußspuren im Sand finden. Alles, was du tun musst, ist auf mich warten. Ich werde heute Abend da sein."

Ich war sechs Meter entfernt von der Mauer. Aber ich konnte immer noch niemanden sehen.

Einen Moment später fragte der kleine Prinz:

„Hast du gutes Gift? Bist du sicher, dass ich mich nicht lange quälen muss?"

■Mauer (f) 石塀 ■wanderte...zu>zuwandern 移ってくる ■Fußspur (f) 足跡 ■sich⁴ quälen 苦しむ

「きみはもう、行かなきゃ。戻って、飛行機の修理をして。ぼくはここで待ってるよ。明日の夜、戻ってきて……」

ぼくの気持ちはちっとも晴れなかった。キツネのことを思い出していた。心を開いてなつかせることを許したら、つらい気持ちになる危険も冒すんだ……。

第26章

井戸のかたわらには、古い石の壁が立っていた。次の日の夜、ぼくが戻ると、ぼくの小さな王子さまが壁の上にすわっているのが見えた。そしてこういうのが聞こえた。

「覚えていないの？ 正確にはここじゃなかったよ！」

だれかが答えたに違いない。王子さまは言い返している。「ああ、そう、そうなんだ！ 今日がその日だよ。でも場所はここじゃない……」

ぼくは壁に向かって歩き続けた。小さな王子さま以外には、だれの姿も声もない。でも王子さまはまたこう言った。

「……もちろんだよ。砂の上にぼくの足跡が見えるよ。きみは、ぼくが来るのを待つだけでいいんだ。今晩、そこに行くから」

ぼくは、壁から6メートルのところに来ていた。それでも、だれも見えない。

少ししてから、王子さまがたずねた。

「きみのはいい毒なんだね？ あまり長く苦しまなくてもいいんだね？」

Ich hielt an. Mein Herz stand still, aber ich begriff noch immer nichts.

„Geh jetzt", sagte er. „Ich möchte von dieser Mauer herunter."

Dann schaute ich auf den Boden vor der Mauer. Ich machte einen Satz vor Überraschung!

Vor dem kleinen Prinzen war eine dieser gelben Schlangen, die dich in Sekundenschnelle töten können. Ich langte nach meiner Pistole und lief auf die Mauer zu. Aber die Schlange hörte es und schlängelte sich durch Sand und Steine fort.

Ich erreichte die Mauer und fing den kleinen Prinz in meinen Armen auf. Sein Gesicht war weiß wie Kreide.

„Was ist los hier? Warum redest du zu Schlangen?"

Ich löste sein Halstuch. Ich wischte ihm den Schweiß von der Stirn. Ich gab ihm etwas Wasser zu trinken. Aber ich wagte nicht, ihm weitere Fragen zu stellen. Er schaute mich an. Dann schlang er seine Arme um meinen Hals. Ich konnte sein Herz schlagen hören. Es hörte sich an wie ein sterbender Vogel, der angeschossen war.

Er sagte:

„Ich bin froh, dass du dein Flugzeug reparieren konntest. Jetzt kannst du nach Hause gehen..."

„Woher weißt du das?", schrie ich. Ich hatte ihm gerade erzählen wollen, dass ich mein Flugzeug repariert hatte!

Er antwortete mir nicht, aber er sagte:

■hielt...an>anhalten 止まる ■stand...still>stillstehen 停止する ■begriff>begreifen 理解する ■einen Satz machen 跳躍する ■in Sekundenschnelle あっという間に ■nach et³ langen 手を伸ばす ■lief...zu>zulaufen 走っていく ■sich⁴ schlängeln 身体をくねらす ■fing...auf>auffangen （落ちてくるものを）受け止める ■lösen 放つ、ほどく ■wagen 敢えて行う ■sich⁴ anhören 〜のように聞こえる ■angeschossen>anschießen 撃って傷つける ■schrie>schreien 叫ぶ

ぼくは立ち止まった。ぼくの心は凍りついた。でもまだわからなかった。

「もう行ってよ」王子さまは言った。「この壁から降りたいんだ」
ぼくは壁の足もとへ目をやって、跳び上がった！

あっという間に人の命を奪える黄色いヘビが、小さな王子さまを見上げていた。ぼくは銃を手に取り、壁に向かって走り出した。その音を聞きつけて、ヘビはゆるやかに砂の上をすべり、石の間に消えてしまった。

ぼくは壁にたどり着いて、王子さまを腕に抱きとめた。王子さまの顔は、雪のように蒼白だった。
「どういうことなんだ？ なぜヘビなんかと話してるんだ？」
ぼくは王子さまの襟巻きをほどいた。そして額を拭いた。少し水を飲ませた。でも、それ以上、たずねるのが怖かった。王子さまはぼくを見つめ、両腕でぼくの首に抱きついた。王子さまの胸の鼓動が伝わってきた。撃たれて、息絶えようとしている、鳥の鼓動のようだった。王子さまは言った。
「きみの飛行機が直ってよかった。
これで、きみは家に帰れるね……」
「どうして知ってるの？」ぼ
くは叫んだ。ついに直った
と、今言うところだった
のだから！
王子さまは答えずに、
こう言った。

„Heute gehe auch ich nach Hause..."

Er fügte traurig hinzu: „Es ist sehr viel weiter... es ist sehr viel schwerer..."

Etwas Fremdes und Schreckliches war passiert. Ich hielt den kleinen Prinzen in meinen Armen wie ein Baby. Aber egal was ich tat, ich hatte das Gefühl, dass er mir entglitt.

Seine Augen waren traurig. Er sah aus, als ob er mit seinen Gedanken weit weg war.

Ich sagte: „Ich habe dein Schaf. Und ich habe die Schachtel für dein Schaf. Und den Maulkorb..."

Er lächelte traurig.

Ich wartete sehr lange. Mir schien, es ging ihm besser. Ich sagte: „Mein kleiner Freund, du musst Angst gehabt haben..."

Er hatte Angst gehabt, natürlich! Aber er lachte sanft und sagte: „Ich werde heute Nacht noch mehr Angst haben...."

Und wieder konnte ich mich nicht bewegen vor Angst. Und ich merkte, wie schrecklich ich mich fühlen würde, wenn ich sein Lachen nie wieder hören würde. Sein Lachen war für mich wie ein Brunnen mit frischem Wasser in der Wüste.

Aber er sagte zu mir:

„Heute Nacht wird es ein Jahr her sein, dass ich hier ankam. Mein Stern wird genau über der Stelle sein, wo ich vor einem Jahr herunterfiel...."

„Mein kleiner Freund, bitte sage mir, dass die Geschichte mit der Schlange und dem Stern nur ein schlechter Traum ist."

■tat>tun する　■entglitt>entgleiten 滑り落ちる　■lächeln 微笑む　■vor Angst 怖さのあまり

「今夜、ぼくも家に帰るよ……」

王子さまは悲しそうに付け足した。「もっと、ずっと遠くて、もっとずっと難しいけれど……」

何か、はかりしれない、恐ろしいことが起きようとしていた。ぼくは、王子さまを赤ちゃんを抱きしめるように腕に抱いた。でも、たとえ何をしても、王子さまがすり抜けて離れていくのを感じた。

王子さまの悲しげなまなざしは、はるかかなたをさまよっていた。

ぼくは言った。「きみのヒツジの絵があるよ。ヒツジの入る箱もあるし、口輪もあるよ……」

王子さまは寂しそうに微笑んだ。

ぼくは長いこと待った。王子さまは少しよくなったように見えた。ぼくは言った。

「ぼくの大切な友よ、怖かっただろう……」

怖かったに決まっている！ なのに、王子さまはやさしく笑って言った。「ぼく、今夜になればもっと怖いよ……」

ふたたび、ぼくは恐怖に凍りついた。そして、王子さまのこの笑い声がもう二度と聞けなくなるのかと思うと、とても耐えられないことに気付いた。ぼくにとって、あの笑い声は砂漠の中の真水の井戸のようだったのだ。

「ぼくの大切な友よ、きみの笑い声をもう一度聞きたい……」

王子さまはただこう言った。

「今夜、ぼくがここに来てからちょうど1年になる。ぼくの星は、ぼくが1年前に落ちた場所の真上に来るんだ……」

「友よ、このヘビと星の話は、ただのわるい夢だと言っておくれよ」

Aber er antwortete mir nicht. Er sagte zu mir:

„Die Dinge, die am wichtigsten sind, können nicht gesehen werden...“

„Natürlich...“

„Es ist wie meine Blume. Wenn du eine Blume magst, die auf einem Stern lebt, macht es dich glücklich, den Sternenhimmel anzuschauen. Alle Sterne sehen wie Blumen aus.“

„Natürlich...“

„Es ist wie das Wasser. Das Wasser, dass du mir zum Trinken gabst, war wie Musik. Der Flaschenzug und das Seil sangen... erinnerst du dich... es war schön.“

„Natürlich...“

„Du wirst dir die Sterne nachts anschauen. Mein Stern, mein Zuhause, ist zu klein, um es dir zeigen zu können. Es wird besser sein, dass mein kleiner Stern gerade mal einer von vielen sein wird für dich. Und somit wirst du alle Sterne sehen. Sie werden alle deine Freunde sein. Und ich werde dir ein Geschenk machen...“ Er lachte wieder.

„Oh! Mein kleiner Freund, mein kleiner Freund, wie gerne mag ich dich lachen hören!“

„Das wird mein Geschenk sein. Es wird wie das Wasser sein.“

„Was meinst du damit?“

„Die Sterne bedeuten für jeden etwas anderes. Wer reist, den führen die Sterne. Für andere sind sie nichts anderes als helle Flecken am Himmel. Für Wissenschaftler sind sie etwas, über das sie nachdenken können. Für meinen Geschäftsmann sind sie aus Gold.

■magst>mögen 好む ■gabst>geben あげる ■sangen>singen 歌う ■Fleck (m)（ほかと色の違う）斑点

でも王子さまは、ぼくのことばに答えなかった。そしてこう言った。
「いちばん大切なものは目には見えない……」

「そうだね……」
「ぼくの花もそうだ。どこかの星に咲いている一輪の花を愛したら、夜空を見上げるのが嬉しくなる。星がぜんぶ、花に見えるから」

「そのとおりだ……」
「水だって同じだ。君が飲ませてくれたあの水は、音楽のようだった。滑車も、ロープも歌ってた……。ほら、思い出すだろう……素敵だった」

「そうだね……」
「夜になったら星を見てね。ぼくの星、ぼくの家は、小さすぎて、どこにあるのかきみに見せてあげられない。でもそのほうがいいんだ。ぼくの小さな星は、たくさんの星の一つになるんだからね。だからきみは、星ぜんぶを見るのが好きになるよ。ぜんぶの星が、きみの友達になるんだ。それから、贈り物をきみにあげるよ……」王子さまは、また笑った。

「ああ、友よ、友よ、きみの笑い声を聞くのが大好きだ！」

「そう。それがぼくの贈り物だよ……、さっきの水みたいにね」
「どういうこと？」
「星の意味は、見る人によって違うよね。旅行者には、星は導きとなってくれる。ほかの人にとっては、空にある小さな光でしかない。学者にとっては星は考える対象だし、ぼくの出会った実業家にとっては、星は金でできて

Aber alle diese Sterne sind still. Aber du, du wirst Sterne haben wie kein anderer..."

„Was meinst du?"

„Wenn du in den Himmel schaust bei Nacht, und da ich ja auf einem dieser Sterne lebe und auch auf diesem Stern lachen werde, wirst du alle Sterne lachen hören. Nur du wirst Sterne haben, die lachen!"

Und er lachte wieder.

„Und wenn du dich wieder wohler fühlst (wir fühlen uns immer wohl nach einer gewissen Zeit) wirst du froh sein, mich kennen gelernt zu haben. Du wirst immer mein Freund sein. Und gelegentlich wirst du dein Fenster öffnen... und alle Freunde werden überrascht sein dich lachen zu hören, wenn du zum Himmel hochschaust."

Und dann wirst du ihnen sagen: „Immer wenn ich zum Himmel hochschaue, muss ich lachen!"

Und sie werden denken, dass du verrückt bist. Ich habe dich in eine sehr merkwürdige Situation gebracht..."

Und er lachte wieder.

„Es ist, als ob ich dir kleine Glocken gegeben hätte, die lachen, statt Sterne...."

Er lachte wieder. Dann wurde er ernst. „Heute... weißt du... bitte komm nicht zurück."

Ich sagte zu ihm: „Ich werde dich nicht verlassen."

„Ich werde aussehen, als ob ich verletzt wäre. Ich werde aussehen, als ob ich am Sterben wäre. Es wird so aussehen. Bitte komm nicht und schau dir das an. Es gibt keine Notwendigkeit."

■gewiss 一定の ■gelegentlich 時々 ■Notwendigkeit (f) 必要性

いるんだ。でもどの星も音を立てない。でもきみ、きみの星は、ほかのだれのとも違う……」

「どういうこと？」

「きみは夜、空を眺める……そして、ぼくが空一杯の星の一つに住んでるから、ぼくがその星で笑ってるから、きみには、星という星が笑ってるように聞こえるよ。笑う星々を持つのはきみだけだ！」

王子さまはまた笑った。

「そして、きみがまた幸福な気持ちに満たされた時には（どんなときでも、しばらくたてば悲しみは必ずやわらぐよ）、ぼくと知り合ってよかったって思うよ。きみはずっとぼくの友達だもの。きみはぼくと一緒に笑いたくなるよ。だから時々、窓を開ける……そしてきみの友達はみんな、きみが空を見上げて笑ってるのを見て驚くだろう。

そしたらこう言ってやるんだ。『そうなんだよ。星空を見ると、いつも笑いがこみあげてくるんだよ！』

みんな、きみの頭がおかしいと思うだろう。ぼくはきみに、すごくおかしなことをさせてしまうわけだね……」

王子さまはまた笑った。

「星の代わりに、笑いさざめく小さな鈴をたくさん、きみにあげたみたいになるね……」

王子さまはまた笑った。それから、真顔にもどって、言った。「今夜……、ねえ、きみは戻ってきてはいけないよ」

ぼくは言った。「きみのそばを離れない」

「ぼくは傷ついているように見えるだろう……死にかかっているように見えるだろう。そんなふうに見えるんだよ。だから、戻ってきて見てはいけない……見に来ることないんだよ」

„Ich werde dich nicht verlassen."

Aber er machte sich Sorgen.

„Ich erzähle dir das", sagte er, „wegen der Schlange. Ich möchte nicht, dass sie dich beißt. Schlangen können schrecklich sein. Schlangen können beißen, weil sie es mögen..."

„Ich werde dich nicht verlassen."

Aber ein anderer Gedanke machte ihn heiterer: „Es ist wahr, dass Schlangen nur genug Gift haben für einen Biss...."

In dieser Nacht bemerkte ich nicht, wie der kleine Prinz mich verließ. Er verschwand, ohne ein Geräusch zu machen. Als ich ihn schließlich fand, ging er sehr schnell. Er sagte nur:

„Oh, du bist hier..."

Und er nahm meine Hand. Aber er war immer noch besorgt.

„Es war falsch von dir zu kommen. Du wirst traurig sein. Es wird aussehen, als ob ich am Sterben wäre, aber das wird nicht wahr sein..."

Ich sagte nichts.

„Du weißt, mein Zuhause ist sehr weit weg. Ich kann diesen Körper nicht mitnehmen. Er ist zu schwer."

「きみのそばを離れないよ」

王子さまは心配していた。

「ぼくがこう言うのは」王子さまは言った。「ヘビのことがあるからだよ。きみが噛まれるのは嫌だ。ヘビは時々とんでもないことをする。おもしろ半分で噛んだりするんだ……」

「きみのそばを離れないよ」

でも、別のことを思いついて、王子さまは気が楽になったようだった。「ヘビの毒は、一人分しかないんだった……」

その夜、ぼくは王子さまが立ち去るのに気付かなかった。音もなく、消えてしまったのだ。ようやくぼくが追いついたとき、王子さまは足早に歩いていた。ただこう言った。

「ああ！ 来たんだね……」

そしてぼくの手をとった。それでもまだ心配そうだった。

「君は来たらいけなかったんだよ。悲しくなるだろうからね。ぼくは死ぬように見えるかもしれないけど、本当はそうじゃないんだよ……」

ぼくは一言も言わなかった。

「きみはわかるよね。ぼくの家はとても遠い。この体を持っていくことはできないんだ。重すぎるんだよ」

■beißen 噛む　■heiter 朗らかな　■verschwand>verschwinden 消える

Ich sagte nichts.

„Aber dieser Körper wird wie ein leeres Gehäuse sein, wie die Rinde eines alten Baumes. Das ist nicht traurig..."

Ich sagte nichts.

Er war traurig, aber er versuchte lustig zu sein:

„Es wird wunderbar sein, weißt du. Genauso wie du werde ich die Sterne sehen. Alle Sterne werden wie Brunnen mit frischem Wasser sein, mit rostigen Flaschenzügen. Und ich werde von den Sternen trinken..."

Ich sagte nichts.

„Es wird so schön sein! Du wirst fünfhundert Millionen Glocken haben, und ich werde fünfhundert Millionen Brunnen haben..."

Dann war er ruhig. Er weinte.

„Hier war es. Lass mich allein vorausgehen."

Er setzte sich, weil er Angst hatte. Er wiederholte sich:

„Du weißt.... meine Blume... ich bin verantworlich für sie! Und sie ist so zerbrechlich! Sie weiß so wenig. Sie hat nur vier kleine Dornen, um sich vor der Welt zu schützen..."

Ich setzte mich hin, weil ich nicht länger stehen konnte. Er sagte:

„Du weißt... das ist alles..."

Der kleine Prinz hielt für einen Moment inne. Dann stand er auf. Er machte einen Schritt. Ich konnte mich nicht bewegen.

■Gehäuse (n) 殻 ■Rinde (f) 樹皮 ■lustig 愉快な ■rostig 錆びた
■hielt...inne>innehalten 休む ■stand...auf>aufstehen 立ち上がる

ぼくは一言も言わなかった。

「でも体はぬけ殻みたいな、古い木の樹皮みたいなものだよ。だから悲しくないんだよ……」

ぼくは一言も言わなかった。

王子さまは悲しかったのに、明るくふるまおうとしていた。

「きっと素晴らしいよ。ねえ。きみと同じように、ぼくも星を眺めてるよ。どの星もぜんぶ、さびた滑車の付いた、真水の井戸みたいになるんだ。そして星という星が、ぼくに水を飲ませてくれるんだ……」

ぼくは一言も言わなかった。

「本当に素敵だろうなあ！　きみは５億の鈴を持ち、ぼくは５億の井戸を持つことになるんだから……」

そして王子さまも黙った。泣いていたから……。

「ここだよ。ここから先は、ひとりで歩いて行くよ」

王子さまは怖さですわり込んだ。それでもしゃべり続けた。

「ねえ……ぼくの花……ぼくはあの花に責任があるんだ！　あんなにか弱いんだもの！　それに何にも知らないんだ。世界ぜんぶに立ち向かって自分を守るのに、小さなトゲが４つあるだけなんだよ……」

ぼくは、もう立っていられなくなってすわり込んだ。王子さまは言った。

「わかるよね……、それだけ……」

小さな王子さまは、ほんの一呼吸おいて
立ち上がり、一歩、前に踏み出した。
ぼくは動けなかった。

Einen Moment nur schien etwas Gelbes neben seinem Fußgelenk auf. Für einen Moment stand er ruhig da. Er gab keinen Laut von sich. Er fiel sanft hin wie ein Baum. Auf dem Sand machte es kein Geräusch.

 # Kapitel XXVII

Sechs Jahre sind seitdem vergangen. Ich habe diese Geschichte bisher niemandem erzählt. Meine Freunde waren sehr froh, als sie herausfanden, dass es mir gut geht. Ich war traurig, aber ich erzählte ihnen: „Ich bin nur müde..."

■Fußgelenk (n) 足関節　■fiel...hin>hinfallen 倒れる　■ein Geräusch machen 騒音を立てる
■herausfanden>herausfinden 発見する

王子さまの足首のあたりに、黄色い光がほんのかすかに閃いた。一瞬、王子さまは動かなくなった。声もあげなかった。そして、木が倒れるようにゆっくりと、崩れ落ちた。物音ひとつしなかった。砂漠の砂の上だったから。

第27章

これはもう、6年も前の話だ……。今まで、この話をしたことはない。ぼくの友達は、ぼくが生きていることを知ってとても喜んでくれた。ぼくの心は沈んでいたけれど、彼らにはこう言った。「疲れているだけだよ……」

Inzwischen fühle ich mich wohler. Das bedeutet... nicht ganz. Aber ich weiß, dass der kleine Prinz zu seinem Planeten zurückgekehrt ist. Ich weiß das, weil ich am nächsten Morgen seinen Körper nicht fand, als ich zurückkam. Sein Körper war nicht sehr groß. Und nun, bei Nacht, liebe ich es, den Sternen zuzuhören.

Sie klingen wie fünfhundert Millionen Glocken...

Aber da ist etwas Merkwürdiges. Ich zeichnete den Maulkorb für den kleinen Prinzen – aber ich vergaß die Leine. Er kann also den Maulkorb nicht am Schaf festbinden. Und so frage ich mich: „Was passierte auf seinem Planeten? Vielleicht hat das Schaf die Blume gefressen...“

Manchmal sage ich zu mir: „Natürlich nicht! Der kleine Prinz stellt seine Blume jeden Abend unter eine Haube. Er beobachtet sein Schaf sehr sorgfältig....“ Dann fühle ich mich wohl. Und ich höre alle Sterne lachen.

Zu anderen Zeiten sage ich zu mir: „Jeder vergisst mal etwas. Einmal könnte aber schon reichen! Vielleicht hat er vergessen, die Haube auf die Blume zu stellen, oder das Schaf ist eines Abends aus der Schachtel gekommen...“ Dann verwandeln sich all meine Glocken in Tränen!“

Es ist ein großes Geheimnis. Für die, die den kleinen Prinzen lieben, würde sich das Universum ändern, falls irgendwo oder irgendwie ein Schaf, welches wir nie gesehen haben, eine bestimmte Blume gefressen hätte....

■inzwischen そうこうするうちに ■Leine (f) ひも

　今では少しだけ、悲しみもやわらいだ。ということは……、完全に消えたわけじゃない。でもぼくは、小さな王子さまが自分の星に帰って行ったことを知っている。翌朝戻ってみたら、王子さまの体がどこにもなかったからだ。あまり大きな体ではなかったし。だから今、夜になると、ぼくは星空に向かって耳を澄ませるのを楽しみにしている。

　5億もの鈴が鳴り響いているようだ……。

　ただ、不可解なことが一つある。ぼくは小さな王子さまにヒツジの口輪を描いたのだが——ひもをつけるのを忘れてしまったのだ！　王子さまは、ヒツジに口輪をはめられないだろう。ぼくは自問する。「王子さまの星で、何が起こったのだろう？　もしかしたらヒツジが花を食べてしまったかもしれない……」

　あるときは、自分に言い聞かせる。「そんなこと、もちろんないさ！　王子さまは毎晩、花にケースをかぶせるし、ヒツジも注意深く見張っているから……」そう思うと、気が楽になる。すると、星という星がぜんぶ、やさしく笑っているのが聞こえるのだ。

　また別のときにはこう思う。「だれでも時々は忘れたりするものだ。でも1回忘れただけで、もう駄目かもしれないんだぞ！」一度だけ、花にケースをかぶせ忘れたかもしれないし、ある晩、ヒツジが箱から出てしまったかもしれない……」すると、ぼくの鈴はぜんぶ、泣き始めるのだ！

　これこそ、大いなる神秘だ。小さな王子さまが大好きなぼくたちにとっては、どこかで、なぜか、見たこともないヒツジが、ある花を食べてしまったかどうかで、宇宙全体が変わってしまうのだから……。

Schau zum Himmel. Frage dich selbst: „Hat das Schaf die Blume gefressen oder nicht?"

Und du wirst sehen, wie sich alles ändern würde.

Und kein einziger Erwachsener wird jemals verstehen, warum das so wichtig ist!

Was mich betrifft, ist dies der schönste und wohl traurigste Ort in der Welt. Es ist der gleiche Ort, den ich auf der vorherigen Seite gezeichnet habe. Ich habe eine zweite Zeichnung gemacht, um den Ort noch einmal zu zeigen. Dies ist die Stelle, wo der kleine Prinz auf der Erde landete und von wo er wieder verschwand. Schau genau hin, damit du den Ort erkennst, falls du jemals durch die Wüste in Afrika reisen solltest. Und wenn du dich wiederfindest an diesem Ort, eile nicht vorbei. Halte an für einen Moment, genau unter den Sternen! Und dann, wenn ein Kind zu dir kommen sollte und es lacht, und wenn es goldene Haare hat, und wenn es deine Fragen nicht beantwortet, wirst du wissen, wer es ist. Und sei dann bitte nett zu mir! Mach mich weniger traurig. Schreibe mir schnell und erzähle mir, dass er zurückgekommen ist...

Ende

■was mich betrifft 私に関して言えば　■vorherig その前の　■Stelle (f) 地点
■eile...vorbei>vorbeieilen（命令形）急いで通り過ぎる　■halte>halten（命令形）立ち止まる

　空を見上げて、考えてみてほしい。「あのヒツジはあの花を食べたか、それとも食べなかったか？」

　すると、何もかもが変わって見えることに気づくだろう……。

　おとなときたら、これがどうして大切なのか、ひとりもわからないのだ！

　これは、ぼくにとって、世界でいちばん美しく、いちばん悲しい場所だ。前のページと同じ場所だ。みんなに見てもらうために、もう一度、描いた。小さな王子さまは最初にここに着いて、ここから去って行った。いつかきみたちが、アフリカの砂漠を旅することがあれば、この場所を見分けられるように、しっかりと見ておいてくれ。そしてもしこの場所に行き会ったら、先を急いだりしないでくれ。立ち止まって、少しの間だけ、小さな王子さまの星の真下に立ってみてくれないか！　そしてもし、子どもがひとり近づいてきたら、そして笑ったら、その子が金色の髪をして、きみの質問にちっとも答えなかったら、それがだれだかきっとわかる。そうしたら、お願いだから、ぼくにやさしくしておくれ！　ぼくの悲しみを和らげておくれ。すぐにぼくに手紙を書いて、知らせておくれよ。星の王子さまが帰ってきたと……。

END

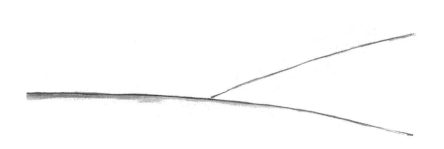

覚えておきたいドイツ語表現

> Aber sie wissen nicht, wonach sie suchen. (p.174, 2行目)
> でも、自分が何を探しているかわからないんだ。

【解説】自分の求めるものをわかっていない人間たちを、王子さまが批判している場面です。ここでは、was ではなく wonach を使うところがポイントです（ただしこの場合、was を使っても間違いではありません）。suchen は nach という接続詞を要求するためです。このように、特定の接続詞が必要となる動詞は、まとめて覚えておくとよいでしょう。

【例文】

① Keiner weiß, worüber er geredet hat.
彼が何について話したのか、誰もわからない。

② Worauf soll man beim Autokauf achten?
車を購入する際に気をつけることは何ですか？

> ...und die Weihnachtslichter am Tannenbaum und die Musik der Mitternachtsandacht mir eine Freude bereiteten. (p.176, 下から3-2行目)
> ツリーを飾るたくさんの光や、真夜中のミサの音楽が、ぼくらの心を喜びで満たしてくれた。

【解説】ドイツ語の特徴の一つに、名詞と名詞が連なって新しい名詞ができることがあります。一見、見たことのない長い単語でも、分解してみると、馴染みのある単語から構成されており、その意味が予測できることも多いのです。上記の例では、Weihnachten（クリスマス）+ Lichter（光）= Weichnatslichter（ツリーを飾る光）、Mitte（真ん中）+ Nacht（夜）+ Andacht（ミサ）= Mitternachtsandacht（真夜中のミサ）となります。こうした複合名詞の性は、最後におかれた名詞によって決まります。このお話にも、複合名詞がいくつか登場しますね。

【例】

Treffpunkt（待ち合わせ場所）　　　Badeanzug（水着）
Nagelschere（爪切り）　　　　　　 Zeitmangel（時間不足）
Lebensversicherung（生命保険）　　 Geschirrspüler（食器洗浄機）

Jemand muss ihm geantwortet haben. (p.182, 下から11行目)
誰かが答えたに違いない。

【解説】「〜したに違いない」という日常でもよく使う表現です。英語の must have done
を思い浮かべるとわかりやすいかもしれません。

【例文】

① Das muss jemand schon bestätigt haben.
　それは、すでに誰かが確認したはずだ。

② Sie müssen den Brief schon gelesen haben.
　あなたは、その手紙をすでに読んだはずだ。

Ich konnte sein Herz schlagen hören. (p.184, 下から8行目)
王子さまの胸の鼓動が伝わってきた。

【解説】王子さまを腕に抱きとめたぼくが、その心臓の鼓動を直に感じる場面です。文末
に動詞が続いているのが特徴です。hören, sehen, fühlen などの感覚動詞は「(誰かが)
〜するのを聞く／見る／感じる」といった意味を表すことができ、必然的に動詞がもう一
つ付きます。上記の例では、さらに können という助動詞が加わりました。

【例文】

① Ich konnte immer noch den Flaschenzug singen hören in meinen Ohren.
　(p.176, 2-3行目)
　今でも、耳の奥であの滑車の歌が聞こえる。

② Er hat sie weinen gesehen. (sehenでも可)
　彼は、彼女が泣くのを見た。

Es hörte sich an wie ein sterbender Vogel. (p.184, 17行目)
息絶えようとしている鳥の鼓動のようだった。

【解説】「〜のように聞こえる」という意味です。hört sich an の後には、wie や als ob な
どを使って、例えを表すことも多いのが特徴です。sich を忘れないようにしましょう。ち
なみに、「〜のように見える」はaussehen で再帰動詞ではありません。

【例文】

① Das hört sich gut an.
それは良さそうだね。

② Es hört sich an, als ob er kündigen will.
彼はまるで退職を望んでいるかのように聞こえる。

Es war falsch von dir zu kommen. (p.192, 下から6行目)
君は来たらいけなかったんだよ。

【解説】王子さまを追いかけていったぼくに、王子さまが言った言葉です。ここでは「いけなかった」を、dürfen を使った否定形（禁止の形）ではなく、falsch（間違っている）という言葉を使って表現していますね。後半は zu ＋不定詞です。

【例文】

① Es war richtig von mir, zu spät zu kommen. Es ist noch niemand anderes da!
遅れてきて正解だった。まだ誰もいないから。

② Das war nett von dir, mir darüber zu berichten.
そのことを私に伝えてくれて、親切にありがとう。

Aber da ist etwas Merkwürdiges. (p.198, 7行目)
ただ、不可解なことが一つある。

【解説】形容詞を名詞化することができます。上記の例では、merkwürdig という形容詞の語尾に -es をつけることで「不可解なこと」という名詞に変化しました。ただし、名詞になるということは、頭文字は大文字になり、性がつくことになります。ここでは、中性名詞になったものを紹介しています。

【例文】

① Es gibt nichts Neues.
（最近起きた）新しいことは何もない。

② Ich möchte etwas Kaltes trinken.
何か冷たいものが飲みたい。

［IBC 対訳ライブラリー］

ドイツ語で読む星の王子さま［新版］

2017年10月5日　初版第1刷発行
2023年11月4日　新版第1刷発行

原 著 者　サン＝テグジュペリ

訳　　者　ニールス・マルテンゼン

発 行 者　浦　晋亮

発 行 所　IBCパブリッシング株式会社
　　　　　〒162-0804 東京都新宿区中里町29番3号 菱秀神楽坂ビル
　　　　　Tel. 03-3513-4511　Fax. 03-3513-4512
　　　　　www.ibcpub.co.jp

印 刷 所　株式会社シナノパブリッシングプレス

© IBC Publishing, Inc. 2023

Printed in Japan

ISBN978-4-7946-0786-7